Camille Lemonnier

I0683245

Un Mâle

UltraLetters Publishing

Titre: Un Mâle

Auteur: Camille Lemonnier

Première publication: 1881

Couverture: © Dudarev Mikhail - Fotolia.com

ISBN: 978-2-930718-31-6

Connectez-vous sur www.UltraLetters.com

UltraLetters Publishing, Brussels.
contact@UltraLetters.com

Table des matières

à

J. Barbey d'Aurevilly

Je dédie cette étude, avec l'admiration et le respect profonds que tout homme de lettres, qui a gardé la religion de la probité littéraire doit aux vétérans glorieux, ses prédécesseurs dans la carrière difficile où quelques-uns ont été des Esprits, oit très peu, comme le Maître dont je place ici le nom et de qui, non moins que mes meilleurs Confrères de France, je révère l'art hautain, mélange d'Idéal et de Réel, ont su être la fois des Esprits et des Caractères.

Camille LEMONNIER.

I

Une fraîcheur monta de la terre et tout à coup le silence de la nuit fut rompu. Un accord lent, sourd, sortit de l'horizon, courut sur le bois, traîna de proche en proche, avec une douceur d'assoupissement, puis mourut dans un froissement de jeunes feuilles: l'énorme silence recommença. Il y eut alors dans l'air comme une volonté de s'anéantir dans les profondeurs du sommeil. Les hêtres reprirent leur immobilité engourdie. Un calme noya les feuillages, les herbes, la vie qui s'attardait dans l'ombre pâle. Pour un instant seulement. De nouveau, les rumeurs s'élevèrent, plus hautes cette fois. La rigidité des formes dormantes fut secouée d un frisson qui s'étendit, se posa sur les choses comme un attouchement de mains éparses, et la terre trembla.

Le matin descendait.

Des pointes d'arbres émergèrent dans un commencement de clarté; une blancheur envahissait le bas du ciel, et cette blancheur grandit, fut comme une échappée sur le jour qui attendait de l'autre côté de la nuit.

Une musique lointaine et solennelle ronflait à présent dans l'épaisseur des taillis. La clarté prenait des élargissements d'eau qui s'épand, lorsque les vannes sont levées. Elle coulait entre les branches, filtrait dans les feuillées, dévalait les pentes herbues, faisait déborder de partout l'obscurité. Une transparence illuminait les fourrés; les feuilles criblaient le jour de taches glauques; les troncs demi-gris ressemblaient à des prêtres couverts de leurs étoles dans l'encens des processions. Et petit à petit le ciel se lama de tons d'argent neuf.

Alors il y eut un chuchotement vague, indéfini dans la rondeur des feuillages. Des appels furent siffles à mi-voix par les pinsons. Les becs s'aiguisaient, grinçaient. Une secouée de plumes se mêla à la palpitation des arbres; des ailes s'ouvraient avec des claquements lents; et tout d'une fois, ce fut un large courant de bruits qui domina le murmure du vent. Les piaillements des moineaux se répondaient à travers les branches; les fauvettes trillèrent; les mésanges eurent des gazouillis; des ramiers roucoulèrent; les arbres s'emplirent d'un égosillement de roulades. Les merles s'éveillèrent à leur tour, les pies crièrent et le sommet des chênes fut raboté par le rauquement des corneilles.

Toute cette folie salua le soleil levant. Une raie d'or pâle fendit l'azur, semblable à l'éclair d'une lance. L'aurore pointa sous bois, rejaillissant en éclats d'étincelles comme un fer passé sur la meule. Puis une illumination constella les hautes branches, ruissela en égouttements sur les troncs, alluma les eaux au fond des clairières, tandis que des buées violettes s'allongeaient dans le beau ciel. Au loin, une lisière de futaie semblait fumer dans un brouillard rose. Et la plaine était toute pommelée d'arbres en fleur qui, chaque instant, s'éclairaient un peu plus.

Une tiédeur détendit alors les choses. Les feuillées se déroulèrent; des fleurs s'ouvrirent avec un bruit soyeux d'éventails; une poussée vers la lumière fit bouger les branches d'un mouvement incessant. Ce fut une ivresse. Les arbres semblaient étreindre le matin dans leurs ramures étendues comme des bras.

Subitement, le soleil creva le ciel. Une bousculade sembla refouler l'ombre dans le bois. La clarté, comme un ennemi qui prend possession, se débanda, s'épandit par gerbes, par torrents, bouchant tous les trous, mettant la déroute dans les taillis, éclaboussant tout de ses ondées magnifiques. Le ras du sol scintilla dans un ensoleillement de rosée, et la lumière, se haussant par-dessus le bois, gagna les vergers, les fermes, couvrit d'une blondeur vermeille une large étendue de pays.

Maintenant, la rumeur s'augmentait de tous les bruits des nids. Un frémissement ailé battait le bois. Des jacassements attachaient d'un arbre à l'autre des traînées sonores. Les merles sifflotaient; les pies, les bouvreuils, les linottes, les mésanges, les pinsons, les fauvettes, les rouges-gorges stridaient, susurraient, strettaient, faisaient un surprenant cailletis coupé du coassement saccadé des corbeaux, et cela montait dans l'air avec des ralentissements, des reprises, des silences tout à coup suivis d'un tutti d'instruments jouant à l'unisson.

Le coucou fila dans cette symphonie sa note grave d'horloge sonnant la première heure du jour, et aussitôt, de dessous les feuilles, un long bourdonnement s'éleva; les mouches grises au ventre bleu, aplaties contre les gommes des arbres, les bourdons soûls des orgies de la veille, les gloutonnes abeilles ronflèrent, les ailes détendues; et toute cette grosse sensualité de vie finit par planer sur le paysage, dans la splendeur du matin.

Lentement les nuées violettes se fondirent dans la nacre perlée du ciel; puis le soleil monta, faisant bouillir les sèves et craquer les capsules des bourgeons.

Un homme était couché au milieu de cette allégresse de mai, jeune, grand, robuste, les deux mains repliées sous la tête, touchant du dos la terre gardée sèche par son corps. Un sarrau enveloppait son torse sur lequel béait une chemise écrue: il avait les pieds déchaux, ayant mis près de lui ses larges bottines, garnies de clous luisants. Et un apaisement profond l'enveloppait.

Il dormait du grand sommeil de la terre dormant sa nuit. L'énorme torpeur nocturne des bêtes et des arbres s'attardait sur cette silhouette confondue à la nature. Il dormait sans rêves, heureux, tranquille, bercé par les souffles de l'air, ainsi que les forts.

Tout à coup, le soleil, jaillissant du fourré, coula jusqu'à sa masse immobile. Une clarté dora les hâles de sa peau, fit reluire sa barbe noire, lustra ses tétins bruns. Il eut un mouvement, se mit sur le côté, parut se rendormir. Mais le soleil, passant entre ses cils, lutinait sa rétine. Il se dressa sur son séant, et ses yeux gris, pleins de ruse, s'ouvrirent.

Tandis qu'il regardait autour de lui, la terre en feu communiquait à ses membres une effervescence. Il huma l'air, les narines dilatées; puis, d'un geste brusque étirant les bras, il se pâma dans un bâillement qui ne finissait pas.

Devant lui s'étendait un verger aux pommiers penchés et bossus. Le verger descendait en pente insensible jusqu'aux bâtiments d'une ferme qu'on voyait se masser en carré, la cour au milieu, sous des toits d'ardoises jaunies par les mousses. Des coqs chantaient sur les fumiers, secouant leur crête écarlate, parmi les poules, les pintades et les dindons, et un bruit de sabots battait le pavé le long des étables.

L'homme regarda les fumiers, les poules, les murs de la ferme, de sa prunelle noyée dans un engourdissement. La porte charretière était large ouverte, ayant déjà livré passage aux vaches qui remplissaient le verger. Une chaleur montait des purins, confondue à la vapeur qui flottait sur le seuil des étables. Et celles-ci laissaient passer le mugissement des mères demeurées à la litière et qui sentaient l'herbe proche des champs. De la fumée tirebouchonnait au haut du toit.

Il se hissa, eut une curiosité machinale de tout voir. Le ciel bleu découpait la rondeur fleurie des pommiers. Une gaîté de bouquet s'épanouissait dans leurs blancheurs rosées, posées là par grosses touffes retombantes. Dessous, les herbes hautes se lustraient de l'emperlement des rosées, et une gaze grise, très fine, noyait les toits, les fumiers, le fond des écuries.

Le claquement d'un volet qu'on ouvrait fit tourner les yeux de l'homme vers un point de la maison. Le volet glissa, vert éclatant de peinture neuve, et sur la pénombre foncée de la chambre une tête de femme mit sa chair amollie par le repos de la nuit.

Alors l'homme s'avança sur le ventre jusque sous les pommiers. Il vit la fille, de la tête au buste, et la trouvant belle, eut un large éclair dans l'œil. Elle accrochait à présent les ferrures, ses bras nus au soleil, penchée en avant, et cette besogne terminée, demeura immobile, comme endormie encore, baignée dans la magnificence du jour.

Lui se poussa plus prés, attiré par l'odeur de sommeil qui flottait autour de l'inconnue. Une rougeur de sang empourprait ses joues saines, brunies par les soleils. Son cou souple et rond posait sur des épaules larges, mal cachées par le corsage dénoué. Elle avait l'éclat rude, un peu sauvage, des charbonnières du Flénu, avec des yeux au regard mordant, et ses cheveux, massés en chignon au haut de la nuque, épanchaient sur ses épaules un flot noir allumé de rouges reflets.

L'homme fit claquer sa langue en signe d'appel. Elle haussa les sourcils, plongea les yeux dans la lumière verte du verger, le vit debout sur ses poings, le torse tendu, le reste du corps traînant à plat dans l'herbe.

Quelque chose d'extraordinaire se passa alors. Il la regardait, ses larges dents étalées. Un sourire béait sur sa joue, câlin, humide, et ses yeux semblaient perdus dans un nuage. Une bête s'éveillait en lui, féroce et douce.

Elle se sentit convoitée et ne s'en fâcha pas: son regard brun l'enveloppa, hardi et caressant; et, de même qu'il lui souriait, elle laissa tomber sur lui, de ses lèvres pourprées, un sourire tranquille, où il y avait de la reconnaissance. Ce fut comme l'ouverture du jour dans l'espace. Il glissa, ce sourire, jusqu'à l'homme, mêlé à l'illumination rosée des arbres, à l'étincellement des herbes, à l'ardeur du jour, comme une clarté et un parfum; et cela dura une seconde, une éternité; puis tout à coup la fenêtre se ferma, la fille disparut; cette chair blanche cessa d'emplir le paysage.

L'homme retomba vaincu, alors, et les pommiers jetèrent sur lui une pluie lente d'étamines qui finit par le couvrir, l'énervant d'une odeur âcre.

Le bourdonnement accru des abeilles et des mouches emplissait l'air d'une musique assoupissante. Les arbres oscillaient sous l'ébattement ininterrompu de moineaux piaillant parmi leurs touffes pâles. Au loin, le vent mettait des ronflements d'orgue dans le bois, et cette rumeur profonde, continue, était scandée par le beuglement grave des bœufs. Par moment, une jument hennissait; le hennissement était repris par les ronsins et un peu après finissait par le claironnement grêle d'un poulain lâché à travers la cour. La vie se faisait haute partout.

L'homme eut l'air de se réveiller d'un songe. Il étira ses bras, secoua la tête, et, lentement, se mit debout, cherchant à la revoir. Une femme, en jupe courte, sortit de l'étable, portant des seaux de lait à chaque main: un sang rouge fouettait son cou sous ses cheveux couleur de chanvre, et ses genoux montraient à nu leurs pommes bosselées.

Ce n'était pas elle. Il la regarda passer, indifférent: l'autre seule le préoccupait. Puis un homme de haute taille, le père peut-être, sortit de la ferme, se rapprocha du verger; et il rentra dans le bois, appréhendant d'être découvert.

Une clarté laiteuse descendait des feuilles et l'enveloppait. Les mains dans les poches, il allait, sifflant entre ses dents. De temps en temps il s'arrêtait, regardait le vide fixement, coupait une branche ou lançait des coups de pied aux herbes, absorbé. Des merles jabotaient. Un pic donnait des coups secs dans le tronc d'un arbre. Une pluie de notes cristallines s'égouttait des ramures.

Il ne voyait rien, n'entendait rien, empli d'une sensation confuse de plaisir non satisfait, et constamment une ferme blanche tremblait devant ses yeux. Il n'était pas bien sûr de marcher droit; c'était comme une griserie, et il éprouvait parfois le besoin de fendre l'air d'un geste violent.

Il marcha longtemps, heurtant les arbres, nageant à plein corps dans les taillis, frappé par les branches, puis d'un coup s'abattit dans l'herbe, sa tête dans ses poings.

Il eut une rancune.

Pourquoi n'était-elle pas venue dans le verger? Il l'aurait prise par les poignets, lui aurait dit son fait. Non, il l'aurait embrassée seulement. Les filles, ça se prend par la douceur, comme les oiseaux à la glu: sûrement, il l'aurait embrassée. Et sur ses grosses lèvres rouges encore bien! Grande bête, va! Elle s'était ensauvée!

Il battait la terre de son poing, à coups répétés. Voilà pour elle et toutes celles de son espèce. Il y en avait bien d'autres; les filles qu'on ramasse dans les kermesses sont moins farouches. Et souvent aussi jolies.

Puis la concupiscence le reprit. Il revoyait le coin de son épaule. Il pensait au velours de son regard brun. Il était captivé par l'énervement qui se dégageait de sa personne noire et il s'enfonçait dans un rêve aigu. Il prit de l'herbe, la mâcha, calmant avec cette fraîcheur le feu de ses veines. Et, tandis qu'il brûlait, en proie à ces frénésies, le midi lourd assoupissait l'air, semblait endormir le bois dans un charme d'anéantissement.

Alors, de même qu'il avait dormi la nuit, dans la pâleur des ombres, l'homme dormit un large somme au soleil. Les taillis recourbaient leurs voussures glauques sur son front; une neige d'aubépine pleuvait dans ses cheveux. Il redevint l'époux de la terre: celui pour qui elle dentelle ses feuillages dans des perspectives d'or pâle; celui pour qui elle distille la verte odeur du serpolet, de la menthe, du thym et de la lavande; celui pour qui elle fait chanter les oiseaux, bourdonner les insectes, couler avec un froissement de soie les sources sous les mousses.

Quand il ouvrit les yeux, le soleil descendait à l'horizon.

Des rumeurs inintelligibles pour tout autre montèrent à lui du cœur des bois: il ressentit comme la commotion d'une galopée de bêtes à travers le crépuscule: le braconnier s'éveillait après l'homme. Mystérieusement, il s'enfonça dans les sentes vertes, un peu plus couvert d'ombre à chaque pas.

II

L'homme revint, à l'aube, se coucher dans le verger de la ferme.

Une clarté opaline trouait, comme la veille, l'épaisseur des pommiers. Les coqs claironnaient sur le fumier, et, dans les étables, les bœufs mugissaient. Des banderoles de vapeurs, légères comme des gazes, s'enroulaient au ciel, couvraient le bleu d'une blancheur mince qui s'effumait. Une transparence flottait autour des choses, illuminée par le soleil qui ne se montrait pas encore; et des douceurs roses se mêlaient aux gris perlés du matin, dans les lointains. Pas un souffle de vent n'agitait les feuillées; elles s'étendaient, immobiles, largement étalées, avec leur ton vermeil des pousses printanières, et un silence pesait sur la campagne, comme un alanguissement après une nuit d'amour.

Mais petit à petit, la chaleur montant, tout remua; un fourmillement de vie emplit les herbes; et les arbres se nouèrent entre eux avec des enlacements d'époux. Des bourgeons craquaient; des feuilles, grasses de sève, se déroulaient; un spasme sembla soulever le terreau fumant et mou.

L'homme épiait les fenêtres de la ferme. Elles étaient closes encore et la maison semblait dormir, bien que le toit fumât et que la vie remplît déjà les cours.

Toute la nuit, il s'était repu de la vision de la belle et l'avait mêlée à sa noire besogne de vagabond des bois. Il ramassa des pierrailles et les lança du côté de la fenêtre; mais elle était trop éloignée. Il se rapprocha.

Des vaches sortirent, se suivant à la file et ballant leur tête cornue. Une fille, la même qu'il avait aperçue la veille, les chassait devant elle, criant: Hue! Ja! et frappait du plat de la main, comme d'un battoir, celles qui s'écartaient. Ses jambes faisaient une tache rouge dans l'herbe. Il ne les vit pas.

Le troupeau s'engouffra dans le verger, monta la pente, s'étala avec sa belle tache mouchetée sur le vert des herbes, et la fille ayant fermé les clôtures, reprit le chemin de la cour.

L'homme gagna les bois. Un chêne avait poussé parmi les hêtres. Il monta sur le chêne, atteignit une haute branche et s'assit dessus, les jambes pendantes: de là, il dominait la ferme.

Des allées-et-venues remplissaient la cour. Il vit brouetter à la fosse les fumiers de la nuit. Une charretée de colza fraîchement coupé encombrait un hangar de son jaune éclatant. Et, par moments, une silhouette remuait derrière la fenêtre au rez-de-chaussée, agitée et furtive. Ses yeux se dilataient alors, cherchant à reconnaître dans cette ombre vague la femelle de ses songes.

Le fournil soudainement fuma et une odeur de bois brûlé se répandit dans l'air. Puis une voix sortit de la maison et la silhouette se détachant de la vitre, un instant demeura confondue à l'ombre grise du corridor, le moment d'après émergea dans la clarté du seuil. C'était elle. Il la vit traverser la cour, portant sans fléchir, le buste droit, de massives formes à pain comblées d'une pâte éclatante. Il lui paraissait qu'il la voyait pour la première fois: elle était grande, large d'épaules, les hanches saillantes, et ses bras nus avaient le ton bis du seigle. Sur sa gorge haute et drue, une jaquette de laine brune s'aplatissait. Elle entra dans le fournil.

C'était jour de cuisson. Il l'entendit enfourner l'écouvillon, ratisser les cendres, gourmander la servante d'une voix vibrante et brève. Un instant, elle se campa sur le seuil, suante et rouge de la chaleur du four, et regarda les pommiers, les yeux demi-plissés. Ce fut une bousculade dans le chêne; haussé sur sa branche, il s'agitait et lança un appel.

Une gaîté la prit, et riant à pleines dents, elle montra du doigt à la servante cette masse noire qui se balançait dans les feuilles et la saluait d'un grand geste. Quelqu'un appela: elle rentra à la ferme.

De temps en temps, elle approchait son visage d'une des fenêtres et le regardait continuer sa garde obstinée. Cette ténacité la charmait: elle avait la curiosité, de cette curiosité qui ne se lassait pas. Et, résolûment, elle alla se planter sur le seuil, la tête tournée vers lui. Elle tenait entre ses dents une branchette de lilas; elle l'ôta, en couvrit son visage, puis l'agita du côté du chêne, et ce mouvement avait une douceur d'agacerie.

La brume s'était levée: un bleu profond tapissait le ciel, et sous une large coulée de soleil, le chêne sonore et superbe rutilait; un bourdonnement sourdait de ses branches; dans ses feuilles tourbillonnaient de grosses mouches saphir. Et il avait l'air d'un homme plein de pensées dans la clarté d'une gloire.

Midi tomba sur l'arbre, avec son accablement. L'homme entendit un choc d'écuelles dans la ferme, et presque aussitôt les domestiques rentrèrent des champs, brisés, la peau rôtie. Il y eut un large cliquetis de fourchettes, dans le silence des voix; puis, au bout d'une demi-heure, des claquements de sabots et de souliers ferrés traînèrent sur le pavé de la cour, décroissant insensiblement du côté des hangars, et, un à un, les rustres allèrent s'aplatir sur les bottelées de paille, engourdis. La ferme dormit.

La jeune fermière alors gagna le sentier qui longe le verger et mène aux champs. Un chapeau de grosse paille tressée abritait sa figure, la rayant d'une ombre grise à mi-joue, et dans sa main une serpe se balançait. Elle prit à travers un labouré, côtoya un champ de blé et se trouva dans un pré de luzernes. Elle marchait lentement, du pas qu'ont les paysans à midi, sans tourner la tête, et ses fortes épaules se découpaient sur le ciel avec fermeté. Une fois dans le pré, elle s'accroupit sur ses genoux, et, seulement alors, regarda le chêne, au loin.

L'homme n'y était plus.

Avec une certitude d'instinct, elle sentit qu'il arrivait. Elle emmêla ses doigts aux touffes vertes, et du tranchant de la serpe se mit à les couper circulairement. Son sac était posé près d'elle, ouvert, et de temps en temps elle y tassait les luzernes, à la force des poignets.

Une tranquillité pesait sur les campagnes muettes. On n'entendait que le coassement des grenouilles dans la mare voisine, et, par moments, ce cri rauque se ralentissait, mourait dans la somnolence de l'air.

Quelqu'un toussa derrière elle.

Elle tourna vivement la tête et le vit planté droit à la lisière du champ, avec un sourire immobile. Elle ne l'avait pas entendu venir.

Machinalement elle regarda ses pieds, croyant qu'il s'était déchaussé pour la surprendre plus facilement. Mais il avait de gros souliers de cuir à forte semelle, et les souliers n'avaient pas fait plus de bruit sur le chemin que des pieds nus. Un étonnement lui fit hausser les sourcils.

Lui la regardait de ses yeux gris, très doucement. Il n'y avait plus la moindre hardiesse dans ce regard. Au contraire, ses yeux semblaient noyés dans une moiteur. Une timidité le tenait là, sans oser rien dire.

Elle était demeurée à genoux dans la luzernière, les bras nus, son ventre plongé dans la verdure sombre et haute. La tête à demi-inclinée sur son épaule, elle l'observait, satisfaite de le voir humble devant elle; et tout d'un coup, le tutoyant sans y penser, elle lui dit:

— Qui es-tu?

— Cachaprès, répondit-il.

Elle eut un étonnement.

— Le braconnier?

Il agita sa tête de bas en haut, plusieurs fois de suite. Alors elle reprit, comme perdue dans une pensée:

— Ah! c'est toi qui es Cachaprès?

Et de nouveau, il lui répondit en hochant la tête d'un mouvement lent et continu.

Elle contemplait sa beauté rude d'homme des bois. Son torse carré reposait sur des reins larges et souples. Il avait les jambes droites, la cuisse saillante, les genoux fermement dessinés, et ses mains étaient fines, sans callosités. Elle admira ses cheveux crépus et noirs, retombant sur un front court, et une admiration plus haute se joignait à celle-là: c'est que l'homme qu'elle avait devant elle était Cachaprès. Une terreur s'attachait à ce nom. On savait que partout où passait celui qui le portait, le gibier était en danger; et cet homme redoutable baissait la tête devant elle, soumis comme un animal.

Au bout d'un temps, elle reprit:

— Pourquoi braconnes-tu?

— Tiens! dit-il, parce que c'est mon idée.

Sa timidité s'en allait. Il continua:

— Y en a qui fendent du bois; y en a qui labourent; y en a qui font des métiers. Moi, j'aime les bêtes.

Il parlait en se dandinant, le corps redressé, fier de la besogne qu'il faisait. Elle s'était remise à couper de la luzerne, avançant la poitrine à chaque coup de sa serpe.

— Ça donne-t-il de l'argent? demanda-t-elle.

— Des fois beaucoup et des fois moins. Moi, d'abord, y m'faut rien.

Elle s'informa comment il faisait pour vendre.

Cela dépendait. Quelquefois il allait porter son gibier en ville, à la tombée de la nuit. Il avait des rendez-vous avec des marchands. On faisait le marché en buvant une chope. Et d'autres fois, les marchands venaient le trouver. Mais c'était plus difficile, car il logeait le plus souvent à l'auberge de la belle étoile, sauf les jours de gros temps, qu'il passait chez ses amis les bûcherons. Du reste, tout le monde était de ses amis; il n'avait de haine pour personne. Ah! si fait! pour les brigands de gendarmes. Il en parlait avec dédain, en haussant les épaules.

Cachaprès s'interrompit. Une prudence l'avertissait de briser là. La fréquentation des bêtes l'avait habitué à se surveiller, et il paraissait à présent étonné d'en avoir tant dit:

— C'est histoire de rire, tout ça, dit-il.

Elle le regarda fixement.

— Tu as peur de moi?

— Non.

— Y a pas de danger que j'te vende.

Il eut un air de défi.

— Oh! moi, dit-il, ça m'est bien égal.

Il se fit un silence. Puis, à son tour, il lui demanda qui elle était.

— J'suis la fille aux Hulotte. C'est à nous la ferme.

Et montrant du doigt les alentours:

— Ça aussi, jusqu'à la haie qui est là-bas. Et y a aussi les prairies, de l'autre côté de l'étang.

Il haussa les épaules.

— J'suis plus riche que toi. Moi, j'ai tout ce que j'veux. S'y avait du lapin dans les terres de ta ferme, je l'aurais. J'suis un môssieu le baron partout où j'suis, moi.

Il lui demanda son petit nom.

— Pourquoi faire?

— Tiens, pour savoir.

Elle s'appelait Germaine. Elle avait trois frères; le plus jeune était en pension; il avait dix-huit ans; il savait jouer du piano. Les deux aînés travaillaient aux champs. Elle s'interrompit pour rire et, les deux poings sur les hanches:

— Devine un peu mon âge, pour voir.

— Dix-neuf, quoi!

— Avec deux ans en plus. J'suis déjà vieille, tu vois.

— Peuh! c'est le bon temps pour les galants, dit-il après un instant.

— Oh! pour ça!

Elle hocha la tête, sembla dire qu'elle n'y pensait seulement pas. Mais il tenait à son idée; une curiosité jalouse le stimulait. Et, brusquement, il l'interrogea:

— Voyons, qui?

— Moi? Personne.

— Si fait.

— Non.

— Alors, ce sera moi.

Elle se dressa sur ses poignets, riant d'un rire hardi:

— Toi? Cachaprès?

Il s'avança jusque près d'elle et riant, troublé, il prononça son nom avec douceur.

— Germaine...

Elle attendait, troublée, elle aussi. Il n'acheva pas et continua à la regarder de son œil gris, amoureux.

— Quoi? fit-elle au bout d'un instant.

— Tu sais bien, répondit-il.

Elle se releva, mit dans le sac la luzerne coupée, et lui dit:

— Aide-moi à charger le sac sur mes épaules.

Il haussa d'un tour de main le sac jusqu'à son dos, et comme elle se mettait à marcher, il l'arrêta par le bras:

— Tu t'en vas comme ça?

Elle leva les yeux sur lui et ils demeurèrent à se regarder un long temps, souriants, émus, amollis d'une même tendresse. Une rougeur était montée aux joues de Germaine.

Cachaprès tendit les bras. Elle lui échappa et descendit en courant le chemin qui mène à la ferme.

Il resta debout à la regarder; puis, quand elle eut disparu dans la cour, il s'enfonça dans le bois, furieux d'avoir été lâche et se déchirant la chair avec les ongles.

III

Cachaprès était un vrai fils de la terre. Comme l'écorce des arbres, sa peau rude s'était durcie au soleil et au gel; il tenait du chêne par la solidité de ses membres, l'ampleur épanouie de son torse, la large base de ses pieds fortement attachés au sol; et sa vie au grand air avait fini par composer en lui un être indestructible qui ne connaissait ni la lassitude ni la maladie.

De son vrai nom il s'appelait Hubert. Il était le plus jeune des trois garçons du bûcheron Hornu, et sa mère l'avait mis bas pendant une halte en forêt, au milieu d'un campement. À la gueulée qu'il avait faite en naissant, le père avait reconnu sa race. Les Hornu étaient de larges gaillards, ne craignant ni Dieu ni diables. Et il avait poussé à la vie d'un jet vigoureux, avec une indépendance de jeune fauve.

Des mains calleuses le prenaient bien par moments, lui imprimaient la secousse d'un bercement brusque; ses yeux sauvages voyaient alors des visages calcinés et durs comme la souche qui sert à faire le feu des pâtres; mais le plus ordinairement, il demeurait couché l'hiver dans les feuilles sèches et l'été dans les touffes d'herbes, sans autre chanson que le vent féroce, ou assoupi selon les saisons, sa chair nue mordue par les mouches, frôlée par les bousiers, caressée par les pluies d'étamines; et le soleil descendant sur cette grosse blancheur d'enfant calme, l'avait tannée petit à petit.

Une après-midi, les Hornu le déposèrent sous un arbre, dans une litière de mousse tiède. Ayant à charrier un faix de fagots chez un paysan, ils l'avaient mis là à la garde du Ciel. Ils étaient revenus trois heures après, et n'avaient plus trouvé l'enfant. Lentement, sans inquiétude, sûrs qu'il n'avait pu être dévoré par une bête, ni dérobé par un voleur, dans celte profondeur des bois habitée seulement par les lapins et les geais, ils avaient battu les alentours.

L'enfant s'était traîné sur le ventre et les mains, s'aidant des racines et des branches basses du taillis, jusqu'à un trou creusé dans le talus. Quelque chose en était sorti qui l'avait rendu curieux, un gibier roux pareil à celui que rapportaient quelquefois son père et ses frères. L'animal avait un instant bondi dans l'herbe, puis était rentré; et Hubert s'était poussé jusqu'au terrier, étonné, ravi, guettant ce joujou sauvage avec un tremblement de tout son petit corps.

Ses parents le retrouvèrent sur la pente du talus, les épaules enfoncées dans la cavité. Il avait quinze mois. Ce fut comme l'annonce de sa passion pour les bêtes.

À deux ans, il s'amusait des araignées qui arpentent le dessous des herbes et des mouches qui s'aplatissent sur les feuilles en ronflant. Une peau de lapin lui faisait tendre les bras avec avidité; il geignait pour l'avoir, battait l'air de ses poings, était pris de convoitises d'enfant gâté devant cette douceur chaude du poil. Il fallait la lui abandonner. Ses dents aiguës pointaient alors dans un sourire; il saisissait la peau, en arrachait la toison par touffes, montrant une sorte de gaîté féroce à tourmenter ce morceau inerte d'une ancienne existence.

Le bûcheron Hornu, vieillard sec et maigre, planté sur ses hauts fuseaux qui craquaient aux jointures, riait d'un bon rire muet en voyant ce goût de la destruction, et, par moments, se laissant aller à une confidence, disait que le petit homme ferait, à coups de hache et de couteau, son chemin dans la vie.

Il y avait dans ces mots du père une finesse sombre, avec un fond de satisfaction nullement dissimulée. Pour cet homme, qui avait vécu sa pleine vie dans les solitudes, côte à côte avec sa femme, prenant le boire et le manger où il les trouvait, sans notion du bien et du mal, mais jugeant vaguement que la terre était à tous comme l'air, les sources, la pluie et le soleil, le fait d'être redouté pour sa force et sa ruse était une supériorité. Lui-même n'aurait pas fait grand cas de la vie d'un homme; seulement il n'avait pas été dans la nécessité de tuer; et, son écrasement social l'ayant rendu dissimulé, sans lâcheté toutefois, il vivait d'une vie sournoise, heureux de penser que son fils Hubert n'aurait pas ses scrupules et ferait au besoin le coup de feu contre ceux qui l'empêcheraient lie vivre à sa guise.

Cette espérance devait se réaliser.

Hubert fut très jeune un dénicheur de nids terrible. C'était un jeu pour lui de monter aux arbres, de grimper dans les branches, de se hisser au plus haut, et, balancé par les roulis du vent, de guetter sa proie dans l'enfoncement des troncs. Il redescendait, embrassant l'arbre d'une main, l'autre main emplie d'un pépiement d'oisillons, et par une ondulation lente, avec des mouvements de reptile qui se déroule, il se laissait couler jusqu'en bas, retombait sur ses pieds sans avoir dérangé la couvée.

Plein d'astuce, il avait fini par connaître les habitudes des espèces aussi nettement qu'il connaissait les cinq doigts de sa main. Il savait quand les mères vont à la provende, le temps où elles conçoivent, celui où elles ont fini de couver, connaissant à un nid près ce qu'il y avait de plumes dans un large rayon d'arbres.

Sa chasse faite, il l'apportait à sa mère. Elle prenait les oiseaux, leur tordait le cou, les mettait cuire sur un feu de bois. Leur maigreur ne faisait qu'une bouchée sous la dent vorace des Hornu.

Il chassait aussi aux mouches, aux papillons, aux hannetons, les écrasant, leur arrachant les ailes, en faisant de grands carnages, et ce petit avait la volupté de la destruction. Tout ce qui était vie remuait en lui des acharnements sourds. Une aile dans l'air, un rampement dans l'herbe, un passage brusque de gibier le trouvaient prêt à la poursuite. Quand on était proche d'un étang, il allait se poster dans les roseaux, y demeurait des jours entiers, rigide, muet, uniquement occupé de prendre des grenouilles. À chaque éclair de leur dos vert, la gaule s'abattait, faisant jaillir l'eau, et elles s'aplatissaient, les cuisses gigottantes, leurs gros yeux ronds pleins de stupeur.

D'autres jours, pour varier ses plaisirs, il les pêchait avec de petits lambeaux d'étoffe rouge pendillant à une ligne, s'amusait prodigieusement de les voir sauter après la loque et, lorsqu'elles étaient accrochées, de les tirer à lui brusquement. Il les achevait d'un choc sec de leur tête contre une pierre, une souche ou l'angle de son sabot. Et il en tuait ainsi dans les bons jours un cent ou deux. Il avait déjà les ruses du chasseur. Il marchait sur la pointe des pieds, levant haut les jambes de peur du bruit, s'immobilisant des heures à guetter, sans bouger. La proie apparue, sa décision était aussi forte que sa prudence: il frappait d'un coup net qui ne pardonnait pas.

Ce furent ses commencements. Il vivait de la large liberté du plein air, filant matin, rentrant de nuit et quelquefois passant le temps du sommeil à battre les bois, très peu chez ses parents, qui le laissaient vaguer, indifférents. Les Hornu habitaient pendant l'hiver une masure, bâtie en torchis, sur la limite d'un bois; une lucarne fichée de travers dans le mur, comme un gros œil, laissait pénétrer un jour glauque dans une pièce à plafond bas, coupé de travées demi-pourries, par delà lesquelles s'étendait le grenier, avec ses cadres de bois bourrés de feuilles sèches qui servaient de lits aux garçons. À l'arrière de la maison, un appentis servait à remiser les haches, les cognées et les pics, en l'absence de bétail.

L'été, l'habitation se vidait. On descendait au cœur des bois, et l'on y construisait des abris au moyen de paillassons tendus sur des piquets. Puis commençait, loin des villages, dans la solitude des grandes coupes sombres, une vie âpre de travail, détendue par de courts repos au soleil grillant de midi ou des sommeils à poings fermés dans la fraîcheur humide des nuits. Un peu de fumée montait au soir des souches qu'on allumait sur le pas de la porte pour y cuire la soupe aux légumes, et les visages se penchaient sur les écuellées, graves, ayant dans les plis du front l'effort de la journée; quelques mots étaient échangés, brefs et sans gaîté, mais suffisants pour maintenir le sentiment de la famille. Dans le jour, au contraire, les retombées régulières de la cognée et les coups sourds de la hache retentissaient seuls dans les silences énormes de la forêt. Cela durait jusqu'aux brouillards d'automne.

Le bois devint pour l'enfant une tentation de tous les instants. Il vivait dans les arbres et les buissons, mêlé à l'animalité qui les remplit. Il était lui-même un jeune animal, nourri des sèves de la terre; le soleil frappait à crû son épaule; la pluie le transperçait; la neige le fouettait; il rôdait dès l'aurore, les pieds meurtris par les ronces, insensible aux déchirures de sa chair, déjà grand à douze ans comme un garçon qui en aurait vingt.

Comme délectations, il avait la rosée du matin qui rafraîchissait sa peau sèche, le bourdonnement du vent qui lui emplissait les oreilles d'une musique éternelle, la tombée de la nuit avec ses apaisements; et il éprouvait, au milieu de ces choses, une jouissance muette de tout son être. Pareil à l'arbre qui, de toutes ses branches à la fois, plonge dans les gloires du ciel et pompe le vent, la chaleur et l'ombre, insatiablement il absorbait la nature dans la plénitude de sa vie.

Ce vagabond était chez lui dans les bois, sentant vaguement remuer quelque chose dans l'ombre, il ne savait quoi, de la vie, des êtres, de la substance et comme le frisson d'une création farouche et douce. Petit à petit le massacre des oiseaux avait fait place à des massacres plus téméraires. Le gamin, se sentant pousser bec et ongles, s'armait à présent contre une proie moins souple, d'une poursuite virile. Il déserta les hautes feuillées, fouilla la profondeur des dessous de bois, et comme il avait connu les nids, il connut les terriers. Il avait des malices de singe pour déjouer les ruses des bêtes, était extraordinairement patient et contemplatif, se raidissait comme un pieu pendant les silences de l'affût, ses deux yeux sauvages tournant seuls effroyablement; et une volonté tenace d'être le chasseur de ces rôdeurs de l'ombre entrait en lui.

Chasser, c'était avoir un fusil. Sa cervelle avait gardé le retentissement des coups de feu entendus à l'époque des battues; et, une fois, il avait vu rouler deux lapins sous une même décharge. Cela lui remuait les moëlles comme une volupté, qu'un canon de fusil contînt l'anéantissement de ce qui est la vie. Et, en attendant, il se servait d'une fronde qu'il avait fabriquée et dont il jouait avec une sûreté implacable; son bras nerveux imprimait une secousse rude à la machine qui tournait, ronflait, lançait la pierre droit au but; puis la bête s'abattait; un spasme tordait son échine et il avait une palpitation d'aise à la voir ruer, baver, mordre l'air de la pointe de ses dents, s'allonger enfin d'un grand étirement qui avait déjà la forme du cadavre. Il tuait ainsi les belettes, les putois, les mulots, les lapins, les lièvres.

Un jour, il avait failli atteindre au front un chevreuil; mais la bête s'était alertement dérobée en se jetant d'un bond sur le côté; la pierre était allée frapper un arbre d'un coup terrible, qui avait secoué les feuilles. Et l'enfant était resté pâle, les bras ouverts, sous l'émotion de cette magnifique robe brune et de ce corps bondissant, d'une grâce fuyante.

Son désir d'avoir un fusil se réalisa enfin. Ne pouvant l'acquérir, il le déroba. Un paysan qui leur achetait du bois l'hiver, possédait une carabine, pendue tout le jour à un crochet, dans l'angle de la cheminée. Il se cacha derrière une haie, attendit la sortie de l'homme et s'empara du fusil.

Ce fut une joie pleine de surprise. Il le tourna, le regarda par en haut, par en bas, la gorge battante, émerveillé, et tout à coup, comme il pressait la détente sans le savoir, la charge d'un des canons partit et persilla d'une volée de plombs les feuilles d'un coudrier.

C'était donc ça! Il garda jalousement son second coup pour une bonne occasion. Elle se présenta le soir du même jour sous la forme d'une chevrette finement découplée.

La bête traversait un ravin par petits bonds, la tête haute, avec des rythmes légers de danse; dans l'ombre verte, plus loin, une troupe de chevreuils s'espaçait, proche d'une mare; et une quiétude les tenait là dans le frisson murmurant du bois.

Il visa.

Un fracas déchira l'air. À travers la fumée bleuâtre il vit alors une galopée affolée, toute la bande se ruant droit devant elle, et il resta l'arme contre la joue, ne voyant plus, n'entendant plus, comme effrayé de sa puissance. Le trouble dissipé, il courut à l'endroit où il avait tiré. La chevrette avait détalé: il avait manqué son coup.

Il raisonna, se dit qu'il avait tiré trop bas, réfléchit longuement au moyen de faire mieux; et brusquement, un vacarme de voix s'éleva dans le fond du bois. Il entrevit des hommes se démenant, coupant à grandes enjambées par les taillis, et l'un d'eux, qui avait une carnassière à l'épaule et le fusil à la main, vint à lui, demandant s'il n'avait vu personne. C'était un garde.

— Non, fit le petit, qui sifflotait entre ses dents, très calme.

Leste comme la ruse, il avait caché son fusil sous les ronces. Et les hommes passèrent, ne se doutant pas que ce gamin était déjà un tueur.

Il savait à présent bien des choses: d'abord, comment on se sert d'un fusil, le bruit que ça fait, les gens que ça attire; et l'aventure remua cette cervelle énormément. Les gardes partis, il eut un rire en dedans: il serait plus malin dorénavant.

Il se procura de la poudre. Il tiraillait après les oiseaux; mais la poudre partait avec un bruit mousseux de fusée, sans blesser. Il y ajouta de la pierraille menue, et des morts tombèrent, mais rares, tandis que les suivants filaient, secouant leurs plumes par dérision. Ce n'était donc pas suffisant encore. Et comme il s'abîmait dans des recherches, son père arriva et le vit couché, son fusil près de lui.

— Biesse! dit-il, c'est pas avec la pierre qu'on charge. Faut du plomb.

Et l'enfant qui s'attendait à une colère, vit un attendrissement sur la face boucanée du vieux.

Le père partit un dimanche pour la ville, un peu avant qu'il fît jour; et tout en cheminant, il s'émerveillait de ce vaurien précoce, sa chair et son sang. Même le bois l'entendit rire, farouchement gai, d'une gaîté de solitaire. Et à midi il rentra, ayant dans sa poche de la poudre et des chevrotines.

— Tiens, fieu, dit-il à Hubert; c'est pour t'amuser. Les chevreuils, ça va jusqu'à des trente francs; et les lièvres, on en donne des deux et même des trois. Mais y a les gardes, les gendarmes, des canailles! Faut voir à voir.

Dès ce jour-là, l'enfant fut braconnier. Il tua pour de l'argent après avoir tué pour son plaisir, faisant du massacre à tant la tête, et son adresse de tueur augmentant d'année en année, il devint bientôt un ennemi redoutable qui enserrait dans le réseau de ses ruses les tanières, les terriers et les clapiers, à plusieurs lieues à la ronde.

Puis, trouvant que cela se dépeuplait, traqué par les gardes, il déserta le bois, gagna les villages, y colporta son état.

Pour son coup d'essai, il avait franchi une haie de clôture, courte, ventrue, et le lendemain il franchissait une palissade en planches, énorme, qui faisait le tour d'un bois de seigneur; la belle chasse gardée qu'il trouva le mit en goût. Alors il ne regarda plus à rien, entra dans la propriété des gens, fit son butin de ce qu'il pouvait attraper. C'était à présent un garçon bâti en hercule, avec des jambes taillées pour la course, des poumons de cheval, un poing à assommer les bœufs; les jours de chômage, par défi ou passe-temps, il s'amusait à soulever des charrettes, d'un mouvement lent de ses reins de fer, et, dans les bagarres, fracassait tout sous la volée de ses coups. La liberté, la vie sauvage, l'exercice de sa volonté à toute heure du jour lui avaient composé une beauté faite d'audace, de rudesse mâle, d'accord parfait de toutes les parties de son corps.

Il avait des marchands et se piquait d'honnêteté en affaires. On l'estimait pour sa manière large de traiter les marchés. Quelquefois, par bravade, il allait lui-même porter son gibier à la ville, trinquant, en chemin, avec les gardes, auxquels il disait ses ruses, et leur offrant de leur procurer du gibier pour la table de leurs maîtres.

— Des battues, disait-il, y font des battues, et y sont dix, vingt! Moi, j'fais ma battue à moi tout seul! Et j'connais les bêtes par leur petit nom, je les appelle; y viennent comme à leur mère!

Il raillait les chasseurs, les gardes, les gendarmes, leur promettait du plomb en riant, si jamais ils le serraient de trop près, finissait par leur montrer ses bras nus, avec leurs biceps roulant comme des boules.

Il était très surveillé pourtant. Des gardes s'étaient mis un jour à quatre pour le pincer. Il était monté sur un arbre, avait épié leurs mouvements, entendu leurs projets, et tout à coup leur avait crié d'en haut:

— Cache après!

C'est-à-dire « cherche après, » dans la langue du pays.

Le nom lui était resté, prenant graduellement une consistance de renommée: on le prononçait dans les récits de chasse, aux tablées de cabarets, aux veillées de fermes, avec des pointes contre les gendarmes si c'étaient des parlotes de paysans, des invectives contre le braconnage si c'étaient des causeries de chasseurs; et cette célébrité se grossissait de l'impossibilité de le prendre, de l'impénétrabilité de ses retraites quand il était traqué, d'une queue d histoires dont il était le héros.

Les gens de la campagne l'aimaient, le sentant avec eux dans leur révolte basse, leur rancune inavouée contre l'autorité. Et Cachaprès avait la chaude paille de l'écurie, les jours où il venait demander la nuitée aux fermes, et en tout temps de larges chanteaux de pain, de la bière et du café à discrétion. Du reste, il gagnait de l'argent, et les villageois voyaient avec émotion des monnaies blanches reluire dans ses mains.

Il avait gardé pour les bois son vieil amour d'enfant; mais depuis qu'il connaissait les gaietés de la bière, le désir de la noce l'attardait dans les bouchons, jouant aux quilles, lampant, s'éjoyant à faire des paris. Il avait l'humeur haute en gueule du Wallon; son rire grêle de gamin s'était changé en une hilarité sonore qui avait l'éclat du cuivre. Et ce rire sortait de sa poitrine, fréquent, puissant, fait pour dominer la rumeur des buveurs sous les tonnelles où on lance la boule.

Toute cette expansion de vie semblait se renfoncer au plus profond de son être lorsqu'il était dans la forêt, faisant le guet, tendant ses pièges, posant ses cols, mêlant son immobilité à celle des arbres, et de son oreille en cornet, pareille à celle des satyres, recueillant les significations de l'énorme bruissement confus qui traîne dans les crépuscules.

Le père Hornu, devenu très vieux, habitait toujours sa masure aux limites du bois. Sa longue carcasse droite se dessinait maintenant en creux, avec des hauts-reliefs d'os, et il traînait des jambes engourdies par les rhumatismes. Ne pouvant plus monter aux arbres, il fendait à coups de hache le bois coupé par ses garçons, le taillait en bûches, en faisait des tas; et petit à petit, la force lui manquant pour cette besogne, il ne s'occupa plus qu'à brouetter les ramées, de son pas lent qui chancelait sous la tension de la courroie.

Un des fils s'était marié: la sombre hutte avait pris alors des airs de nichée, et le grand'père, un peu plus délabré à chaque saison, gardait à présent les enfants, abritant de son lambeau de vie leur grosse petite existence. La forêt se vengeait des outrages qu'il lui avait fait subir en le desséchant comme une vieille souche déchaussée, et, par étapes, il s'acheminait à la mort, ayant déjà dans les membres la raideur des trépassés.

Un jour Cachaprès, rentrant au logis, trouva le vieux sur un matelas de feuilles, l'œil démesurément ouvert, glacé.

Ce fut un lourd ennui pour ces hommes des bois de se conformer aux prescriptions de la loi. D'instinct, ils auraient creusé une fosse dans le hallier, auraient mis le corps dedans, au lieu de courir à la mairie, passer par des tas de formalités, finalement le mener au cimetière commun.

Les frères fabriquèrent une bière avec de la volige, étendirent le mort au fond, sur une couche de feuilles, puis, tous ensemble s'y mettant, y compris Cachaprès et la vieille Hornu, on porta le cercueil.

Elle n'avait pas pleuré, la mère: son dur visage en bois s'était seulement étiré comme une planche détraquée au soleil. Et elle allait, sa haute taille sèche pliant un peu sous le poids du cadavre. Cette petite troupe se perdit dans le matin bleu du bois, tous les merles sifflant à la fois, comme pour saluer celui qui s'en allait.

À la sortie du cimetière, le cadet paya à boire. Jamais il n'avait songé à faire aux siens une distribution de l'argent qu'il gagnait largement. Il était généreux pourtant. Mais les pauvres gens ayant besoin de peu. ne demandaient rien, et il ne pensait pas à leur donner. Ce jour-là, il soûla ses frères. Les femmes burent aussi. Il eût voulu soûler tout le village, dans son désir de faire quelque chose pour le mort.

Seule, la vieille Hornu ne toucha pas à son verre. Elle demeura tout le temps immobile, les mains posées sur ses genoux, regardant vaguement le trou noir que faisait l'absent auprès d'elle, sans penser à rien. Le soir venu, comme les garçons ronflaient à terre, ivres-morts, Cachaprès prit l'un et la vieille prit l'autre. Elle le hissa sur son dos, comme elle eût fait d'un sac, et le porta jusque chez elle, courbée en deux, les mains robustement posées sur ses hanches. Elle rentrait, son fils sur le dos, dans la maison d'où elle était sortie le matin, son mari sur les épaules. Et, à quelques jours de là, elle mourut à son tour, sans maladie, comme meurent les femelles quand les mâles n'y sont plus.

Cachaprès reprit sa vie.

On ne hante pas les cabarets sans connaître les filles. La fermentation des printemps mettait une flambée d'étincelles dans ses veines. Il se rapprochait alors des étables, des seuils sur lesquels bavardent le soir des garces aux bras rouges. Cette chair mafflue satisfaisait ses appétits d'homme pour qui l'amour est une hôtellerie. Il ne voyait rien au-delà de la grosse sensation d'être à deux un instant. La tendresse lui échappait.

Le temps des kermesses était surtout pour lui une occasion de s'amuser avec les commères. Il leur payait bouteille, les lançait dans les entrechats des contredanses, les entraînait derrière les haies. Il lui suffisait qu'elles fussent amples et dodues, avec des dents propres. Et il n'avait pas connu les fréquentations durables.

C'est alors qu'il vit s'épanouir le sourire de Germaine dans un sourire de mai. La fleur des pommiers seule était aussi abondante que la floraison qui, brusquement, poussa en lui; cela germa comme une graine, monta comme une sève, le remplit des pieds à la tête comme un débordement.

Il l'aima, sans s'en rendre compte, à travers la neige des étamines, l'aile des papillons, la blancheur du matin, comme l'incarnation de tout ce qu'il y avait pour lui de désirable sur la terre, l'ombre des bois, la tiédeur de la plaine, les vergers pleins de fruits, le meurtre, le vol, la liberté.

Il l'aima comme un gibier rare et difficile, comme une proie inaccoutumée, sentant s'accroître son goût pour elle de la supposer vierge, c'est-à-dire gardée, à légal des chasses dont il avait dû escalader les clôtures.

IV

Cachaprès se mit à rôder autour de la ferme, à la façon de l'épervier qui rétrécit petit à petit ses cercles autour de sa proie. Il s'attardait derrière des haies, traînait à la lisière du bois, l'attendait venir juché dans les arbres. Il voyait par échappées un peu de sa personne, un bout de sa robe, et cela alimentait son désir. Une préoccupation plus forte s'était jetée à travers ses rages de destruction. Il négligeait les gîtes et les terriers. Le poil roux des lièvres ne lui faisait plus penser au coup de fusil qui le découd et le crible de ses hachis. Sa carabine reposait dans une cachette, au fond d'un fourré.

Il connaissait déjà les habitudes de la maison.

Au petit jour, quelqu'un conduisait les vaches pâturer. Il y avait deux pâtures, celle du verger et celle du pré dans le bois. Quelquefois Germaine ramenait les bêtes. Il l'avait suivie deux fois. Ils s'étaient dit des choses insignifiantes en se souriant, heureux d'être l'un près de l'autre. Et tout à coup elle lui avait crié: bonsoir, près de la ferme.

L'après-midi, elle allait aux champs. On plantait justement les pommes de terre. Hulotte avait engagé des femmes pour planter, et elle était au milieu, travaillant comme elles, penchée sur les labours bruns. Des heures entières il l'épiait, immobile derrière un arbre ou les broussailles, une prudence lui conseillant de ne pas se montrer. Elle passait entre les sillons, la banne aux pommes de terre pressée contre sa hanche, prenant dans la banne, puis jetant devant elle; et ce geste, qui recommençait, avait une grandeur. Puis une des femmes ramenait la terre d'un coup de bêche, chaque fois qu'elle avait jeté la plante.

Il admirait les mouvements de son grand corps dans la brume chaude des après-midi. Par moments, elle se mettait droite, se reposait sur ses reins, les deux poings plantés dans le côté, et demeurait sur place, se détendant rafraîchie, les yeux demi-clos,

Une fois, il imita le cri de la chouette pour lui faire tourner la tête de son côté. Elle vit une agitation dans les arbres du bois, et, devinant qu'il était là, elle agita la main au-dessus de sa tête. Alors il se mit à hennir du hennissement grêle d'un poulain d'un an.

— Il est drôle, pensa-t-elle.

Ce jour-là, quand le soleil marqua quatre heures au ciel, les femmes revinrent seules à la ferme. Elle n'avait pas faim; elle préférait continuer à planter; la besogne n'avançait pas. Et d'autres raisons pour demeurer au champ, les femmes parties.

Cachaprès descendit de son arbre; en quelques enjambées il fut auprès d'elle.

— C'est toi?

— Oui.

— Et que faisais-tu dans l'arbre?

— Rien.

— Si fait.

— Quoi?

— Tu me regardais, tiens!

Il balança la tête.

— C'est vrai.

Elle l'enveloppa d'un sourire singulier et lui dit:

— Vaurien! T'as là un beau métier! Rien faire et passer le jour à regarder les filles!

Il cherchait une réponse.

— Moi, fit-il, en une nuit je gagne de quoi rien faire trois jours. Et puis, ça me plaît de te regarder. J'aime autant ça que de me fouler les pieds à marcher.

Elle lui dit qu'étant jeune, elle aimait à courir dans les bois; mais cela lui arrivait rarement, son premier père ne voulant pas. Et, tout à coup, il y eut comme une joie sur son visage.

— C'est juste, je ne t'ai pas dit. Mon père était garde. Il crut qu'elle se moquait de lui. Alors elle lui expliqua le mariage de sa mère avec le fermier Hulotte. Le meilleur de sa vie s'était passé à la ferme. Toute petite, elle n'avait pas été heureuse: non pas que son père fût méchant pour elle; mais il avait l'humeur un peu noire des gens qui vivent dans les bois. Et en disant cela, elle lui lançait un regard pour le faire parler.

— Oh! moi, répondit-il, j'suis bon comme le pain. Je ne sais pas ce que c'est que de faire de la peine à quelqu'un.

Il se vantait, se laissa aller à un éloge immodéré de son caractère. Et il ajouta que celle qui l'aurait le verrait bien. Puis revenant de son étonnement de la savoir la fille de Maucord, alors qu'il la croyait engendrée de Hulotte, il eut une traînée de petits rires sourds.

— Ah ben! en v'là une histoire! Si ton père était vivant, j'aurais p't être tiré sur lui!

Elle se redressa, blessée dans une mémoire chère.

— C'était un homme, celui-là! dit-elle rudement, il t'aurait coulé bas comme une charogne.

— Bien sûr, dit Cachaprès, comprenant qu'il avait été un peu loin.

Et il parla d'autre chose. C'était bientôt le temps des kermesses. Il lui demanda si elle aimait la danse, et comme elle répondait oui, il lui dit:

— Moi aussi. On saute, on fait des bêtises, on s'embrasse. Nous nous embrasserons, hein! Germaine!

— À savoir.

Il s'approcha d'elle, et la tirant par les poignets de toute sa force, la tint contre sa joue.

— Ça se fait comme ça, dit-il en riant,

— Et ça comme ça, répondit Germaine en lui lâchant un large soufflet à travers le visage.

Une rougeur de colère lui était montée aux joues. Elle lui en voulait d'avoir été plus fort qu'elle: il l'avait prise en traître, sinon…

Il fixait sur elle des yeux gris, ardents.

— Veux-tu recommencer, Germaine? dit-il.

Elle ne put retenir un éclat de rire.

— Non, répondit-elle; il n'y a pas de raison pour ne pas recommencer après et encore après.

Des voix s'approchaient.

— Encore une petite fois seulement, disait Cachaprès, et il marchait sur elle les bras ouverts, les narines dilatées.

— Approche! fit-elle en saisissant une bêche.

Il écarta la bêche d'un coup sec de la main et colla ses lèvres sur sa peau chaude,

— Démon! vaurien! fit Germaine, riante et furieuse.

Elle jeta la bêche après lui sans l'atteindre. Il courait à larges enjambées, le corps plié en deux, la tête à la hauteur des reins, comme font les braconniers quand ils sont poursuivis. Une fois dans le bois, il lança un coquerico retentissant. Les femmes arrivaient.

Germaine regarda devant elle, longuement, perdue dans ses idées.

V

Comme elle l'avait dît à Cachaprès, Germaine était la fille du garde forestier Narcisse Maucord, tué par la foudre, il y avait à peu près quinze ans, dans le bois des Chêneaux.

Elle avait passé la première partie de sa vie dans une maison triste, froidement correcte, en long tête-à-tête avec sa mère, une femme d'ordre qui, à la mort de Maucord, était encore la plus belle femme de la contrée. Le garde passant presque toutes ses journées à surveiller les domaines de l'État, elles demeuraient seules dans cette maison qui attenait à la forêt, regardant à travers les rideaux tirés onduler les arbres, poudroyer le soleil et ruisseler la pluie.

Le père rentrait à midi. Un instant la maison s'animait du remuement des vaisselles; une apparence de vie bourdonnait sous les plafonds en chêne, le long des murs tapissés d'un papier à fleurs bleues, et la mère, le garde, l'enfant s'asseyaient à la même table, comme étonnés de se trouver ensemble.

Aucune gaîté ne détendait la placidité silencieuse de ces trois êtres réunis pendant une heure ou deux.

Mélancolique et farouche, Narcisse Maucord aimait sa femme et sa fille d'une tendresse régulière, comme dérobée au plus profond de ses moëlles. Il vivait au milieu d'elles, replié sur lui-même, avec des accès de goutte lors des changements de temps. Gourd, immobile, ses jambes posées sur un escabeau, il restait alors accroupi dans l'âtre, regardant aller et venir autour de lui Madeleine, sa femme, et la petite Germaine, sans rien dire; et les jours se suivaient, démesurément longs. Petit à petit, un froid glacial s'était mis dans le ménage, brisé seulement entre la mère et l'enfant par une affection plus vive, qui s'épanchait naturellement quand le père était parti.

Madeleine, en se mariant, avait apporté un champ, quelques meubles et la literie; Narcisse, lui, avait apporté la maison, qu'il tenait de son père, garde forestier comme lui; et, à force d'économies, une petite aisance avait fin par entrer dans cette demeure soigneusement entretenue, dont la façade, badigeonnée au lait de chaux tous les ans, annonçait la bonne tenue intérieure.

Germaine avait six ans quand, à la tombée de la nuit, un samedi du mois de juillet, des bûcherons rapportèrent sur des branches entrelacées le garde foudroyé pendant sa ronde de l'après-midi. Ce fut pour Madeleine une douleur sérieuse et sans éclat. Elle perdait en Narcisse moins un homme aimé d'amour que le soutien de la maison et le père de son enfant. Elle prévoyait une charge plus lourde et des responsabilités plus graves pour elle. Puis cela rompait une habitude, et il allait y avoir désormais à la table une place vide, qui avait été largement occupée autrefois.

Des mois se passèrent. Les portes et les fenêtres demeurèrent fermées comme par le passé. La mort n'avait pas fait hausser la vie. Seulement, la petite n'étant plus inquiétée par la sévérité du père, se reprenait à faire sa rumeur d'enfant. On voyait dans le jour sa joue en fleur au milieu des fleurs du jardin, se mêler au vol des papillons, s'animer des rougeurs du jeu, par moments disparaître dans la toison des hautes herbes.

Et tout à coup un grand changement s'opéra autour d'elle. Elle avait vu un homme grand et fort s'asseoir dans l'âtre, venir d'abord irrégulièrement, puis prolonger ses visites, et cet homme l'avait levée un jour à la hauteur de sa bouche et lui avait dit:

— Germaine sera not fille à présent.

Puis on l'avait menée dans une grande ferme, où elle avait grandi au milieu d'un train bruyant, et sa mère lui avait dit:

— Tu aimeras le fermier comme ton père.

Tout doucement, elle comprit que sa mère s'était remariée.

Hulotte, demeuré veuf comme Madeleine, avec un garçon de dix-huit ans, s'était toujours senti du goût pour cette femme calme et belle, alors que lui-même était déjà marié et connaissait les aigreurs d'une union mal assortie: aussi fut-il heureux de la retrouver libre. Madeleine entra donc à la ferme et continua avec ce nouveau mari, plus vieux qu'elle de quinze ans, la même vie ordonnée et droite qu'elle avait menée avec son premier époux.

Ils eurent deux fils ensemble, et leur bonne entente ne fut rompue que par un coup terrible: Madeleine mourut des suites d'une affection charbonneuse dans le même mois où était mort Maucord.

Il y avait de cela trois ans déjà, et un accablement était demeuré sur le fermier depuis ce temps. À chaque saison, il laissait un peu plus le soin des affaires à Philippe, son aîné, se reposant sur Germaine de la charge des étables, de la basse-cour et de la maison.

Calme comme sa mère et comme elle douée d'une force intérieure égale et continue, la rude fermière tenait de Maucord l'énergie et la décision, avec une apparence de brusquerie. Cependant, elle n'avait d'eux que la ressemblance des caractères; sa ressemblance physique se rattachait plutôt à la mère de son père, femme amoureuse et féconde, qui s'était remariée quatre fois et, comme elle, avait senti brûler ses joues du rouge sang des brunes. Germaine, en effet, était de la race des belles filles faites pour la caresse et l'enfantement: son large cou tournait avec fermeté sur ses épaules; elle avait les reins développés, la poitrine saillante, les chevilles fortes; et les besognes viriles la tentaient. Plus jeune, elle s'amusait à lutter avec des garçons de son âge et n'avait pas toujours été terrassée. Elle savait descendre les bois de la charrette, charger un sac de farine, s'atteler à la herse, transporter à la pointe de la fourche les fumiers lourds de suint, et son geste avait une décision rude.

Germaine Maucord avait été aimée en fille par Hulotte. Il n'avait pas voulu faire de différence entre cette progéniture qui lui venait d'un autre lit et celle qui lui était venue du sien propre. On l'appelait Germaine Hulotte dans les villages. Elle était vigilante, vaillante, l'œil à tout. Levée avant les domestiques dans la ferme, elle cuisait le pain, mettait la main à la lessive, repassait le linge, aidait aux grosses besognes de la maison. Elle n'avait ni le goût de la dépense ni l'amour exagéré de la toilette. C'était une fille gaie, aimant à rire, assez libre quand elle causait avec les hommes. Sa mère l'avait menée à des kermesses. Elle avait gardé de l'une d'elles, où l'on avait beaucoup mangé et dansé, un souvenir qui se confondait avec une figure de danseur, un étudiant beau garçon, venu là en partie de plaisir. Elle avait longtemps pensé à sa peau blanche, à sa joue dorée par l'ombre de sa moustache, à ses manières douces, aux chatouilles qu'il lui avait faites dans la main. Cela avait même un peu occupé ses rêves, la nuit. En d'autres occasions, elle avait dansé avec des fermiers, des paysans riches, la jeunesse dorée des campagnes. De ce contact avec des danseurs qui la serraient de près, mettaient leurs genoux entre les siens, et par moments laissaient traîner leurs mains sur sa taille, il était resté en elle une douceur tentante qui l'acheminait à songer au reste. Elle avait pleuré une fois, dans son lit, se sentant seule, tandis que des amies à elle avaient des maris et des fiancés. Elle avait par moment le désir et le besoin d'un homme. C'était un trouble vague, une sourde fermentation de son être ardent et jeune, avec des amollissements profonds.

Sa position de fille à marier n'étant pas nette, les épouseurs tardaient à se présenter: ce n'était que la fille aux Maucord, après tout, et les Maucord n'avaient eu qu'une aisance modeste. Ah! si elle avait été la fille aux Hulotte! Il y avait des sous de ce côté. Ces rumeurs se colportaient, arrêtaient l'élan des fils de fermiers riches, et d'année en année on s'habituait un peu plus à la voir demeurer fille. Quant à se marier avec un simple paysan, elle ne pouvait y penser. Jamais Hulotte n'eût supporté qu'un gendre médiocre vint s'installer auprès de lui dans la ferme. Et cette mélancolie de n'être pas femme se jetait souvent au travers de la gaîté de Germaine. Elle éprouvait alors un sentiment de révolte. Une colère la prenait contre ces hommes, qui étaient assez bêtes pour ne pas s'emparer de sa beauté. Imbéciles, va!

La vue du beau gars couché dans le verger, amoureux et souriant, la charma comme une promesse d'assouvissement. Il paraissait cloué sur place, dans une fixité d'admiration. Son sourire montait à elle, tremblant et doux, ainsi qu'une prière. Elle vit qu'il avait les épaules larges, la tête énergique et fière, la robustesse des vrais mâles, et cela la toucha. Elle se prit alors à sourire aussi et il y eut dans ce sourire comme un appel vague de la chair, comme une instinctive sollicitation de ne pas la laisser avec son désir. Quand elle le revit sur l'arbre, une chaleur lui passa dans le cœur. Il était donc revenu! C'était donc vrai qu'il la trouvait à son goût! Et elle rêva au moyen de lui parler, de voir de près sa peau, la couleur de ses yeux, la largeur de ses mains. À midi, la ferme dormant, elle sortit, gagna les luzernes, sûre qu'il y viendrait. Il était venu. Alors elle avait appris cette chose extraordinaire, c'est que l'audacieux qui lui avait souri et qu'elle avait devant elle, plein de convoitises, était Cachaprès.

C'est-à-dire un bandit, un maraudeur, un voleur des bois, qui finirait par la prison ou peut-être pis, à moins qu'il ne crevât dans un fourré.

Soit, mais ce bandit faisait un métier viril, était un gaillard comme elle les aimait, rude et ne connaissant pas la peur; c'était presque un héros. Des histoires se pressaient dans sa mémoire. Elle se souvint des tours qu'on lui prêtait; et le sang du garde-forestier se réveillant en elle, elle l'admira de ruser avec les bêtes, de vivre au fond des bois, d'être plus fort que les gardes. Puis, sa pensée s'approfondissant, elle eut une perception confuse que l'amour d'un tel homme devait être supérieur à celui des rustres à face pâle et à grêles épaules.

VI

L'enclos où pâturaient les vaches du fermier Hulotte était à dix minutes de la ferme. Les bêtes gagnaient la grand'route, descendaient un sentier à travers bois, et par un pont jeté sur le ruisseau qui longeait l'herbe grasse de la prairie, entraient au pacage. Des piquets reliés par une balustrade en bois formaient une clôture tout autour; et le pré montait en pente douce vers les vergers de la ferme des Osiers, située à l'extrêmité d'un large plateau cultivé. À droite et à gauche, de hauts talus s'élevaient, couverts de petits arbres, entre d'autres plus grands, hêtres et peupliers, qui mettaient sur ces emmêlements de jeunes branches leur ombre vigoureuse. Une floraison énorme de pâquerettes s'épanouissait entre les clôtures, répandait sur l'herbe une traînée de clartés qui se perdait près de la ferme dans le bleu du ciel. Et sur les berges du ruisseau la bardane, le pissenlit, la valériane, la jacinthe sauvage, la renoncule des bois avaient poussé en larges touffes éclatantes. Régulièrement les vaches quittaient l'étable à cinq heures du matin, les coqs sonnant leur fanfare. Elles demeuraient au vert jusqu'à midi, puis on les menait bouser à l'étable jusqu'à deux heures, et de nouveau elles allaient à la prairie jusqu'à la tombée de la nuit. Aucun sentier ne traversant le pré, les vaches cornant de leurs mufles en l'air faisaient entendre la seule rumeur qui se mêlât au gloussement du ruisseau, sous les arbres balancés par le vent. Et Cachaprès, voyant ce grand silence, avait pensé qu'ils seraient bien là tous les deux pour se causer les yeux dans les yeux. Le bois s'élargissait à droite et à gauche, et un peu plus loin s'escarpait, prenant graduellement une dénudation sévère de forêt. Il se sentait autrement à l'aise dans cette solitude que dans les vergers toujours traversés par quelqu'un; et il regardait par moments les rouges feuilles sèches qui forment litière sous les hêtres, avec l'idée qu'on pourrait s'y rouler comme sur de l'édredon. La nuit, il s'y couchait, tâtant du plat de ses mains leur douceur tiède. La pluie seule le faisait détaler. Il s'enfonçait alors sous les hêtres et gagnait un abri de planches et de paille, délaissé dans le recoin d'une clairière par les bûcherons. Une grande fainéantise avait pris ce travailleur de la mort.

Une après-midi, il s'était allongé près du ruisseau, à plat ventre dans l'herbe. Une de ses mains pendait à travers l'eau, faisant au flot tranquille un obstacle contre lequel il bouillonnait en clapotant; et, les yeux noyés de somnolence, il regardait la transparence du fond s'allumer sous lui de clartés de soleil. Des araignées à longues pattes remontaient cette coulée de source, ramant par saccades furieuses. De très petits poissons les croisaient, rapides comme des éclairs. Et le ruisseau s'encavant un peu plus loin dans une mare, toutes les grenouilles à la fois renâclaient, avec un bruit de gargarisme. Une chaleur d'étuve s'était abattue sur la campagne.

Lui se sentait envahi de cette immense torpeur qui saisit la terre au printemps, comme une accouchée. Il se vautrait dans l'herbe avec la jouissance des bœufs cherchant le frais. Il avait besoin d'un calmant à la fermentation sourde de son corps. Et des feuillages glauques de la berge en fleurs, du ruisseau montait une âcreté qui le rendait lascif. Des bâillements convulsaient ses mâchoires. Il se tordait les bras au-dessus de sa tête, ou serrait ses poignets dans ses doigts à les briser. Par moments, il se roulait dans les herbes, collait sa peau chaude contre leur moiteur, passait une feuille sur sa langue; et des soupirs soulevaient sa poitrine. Un rossignol, caché dans un coudrier, chantait sur cette peine solitaire.

Tout à coup les feuillages furent secoués d'une ondulation. Le coassement des grenouilles s'exaspéra. Et Cachaprès vit le fond de l'eau, doré la minute d'avant, s'ardoiser d'un gris sourd. Puis de grosses bouffées traînèrent à ras du sol, avec ce froissement long des herbes heurtées; et un grondement roula dans la profondeur de la forêt. Les oiseaux se taisaient.

Au même instant une voix retentit dans le sentier par où descendaient le troupeau et la tache massive des vaches apparut à la barrière.

— Hu! hia! criait la voix.

Il se leva d'un bond, traversa la prairie et vit Germaine en train de lever les traverses.

— Salut! dit-il, y va faire gros temps.

Un éclair déchira le ciel et tout aussitôt de larges gouttes de pluie s'aplatirent sur les feuilles. Le tonnerre gronda; puis, subitement, la nuée creva, s'écroula dans une formidable averse. L'eau tombait par rayures droites, larges comme des lanières, fouettant le bois d'un crépitement clair qui, par moments, ressemblait à une musique de grêlons sur un bassin de cuivre.

Ils s'étaient réfugiés sous un arbre, l'un près de l'autre, se serrant un peu. D'abord, la pluie ne perça pas l'épaisseur des feuilles. Elle traçait tout autour du tronc un cercle brillant, laissant la terre sèche au pied. Mais les hautes feuilles se mirent bientôt à dégoutter sur les feuilles plus basses; des filtrées d'eau glissaient à présent de proche en proche jusque sur eux.

Il ôta sa veste.

— Tiens! prends-la, dit-il. Moi, ça me connaît, la pluie. J'en ai eu sur le dos de quoi remplir des étangs.

Et il la passa au cou de Germaine. Elle se laissait faire, un peu troublée par le contact de ses doigts qui la frôlaient. Il se rapprocha d'elle. Leurs hanches se touchaient, une rougeur chauffait leurs joues, et résolument il prit sa main, la garda dans la sienne. En même temps il cherchait des mots. Il eût voulu dire quelque chose. Mais sa langue demeurait inerte, et à force de chercher, se violentant, il finit par bégayer:

— J'en ai bien six comme ça.

— Quoi!

— Six vestes, dà! Oui, à la maison. Puis j'ai une veste en velours, avec le pantalon et le gilet pareils.

— Tout ça?

— Oui, et d'autres encore, ah bien oui!

Puis il y eut un silence. Il chatouillait le creux de sa main, à présent, à petites fois lentes et douces. Alors ce fut elle qui éprouva le besoin de parler. Elle montra une vache noire et blanche, très ballonnée.

— Elle aura son veau ce soir, dit-elle, à moins que ce soit demain. On ne sait pas. Mais, pour sûr, elle l'aura.

Et elle nomma ses vaches l'une après l'autre, raconta des particularités. La blanche avait coûté 700 francs. Les vaches étaient très chères. Elle s'était mise le dos à l'arbre et se donnait des secousses d'arrière en avant, machinalement. Tout à coup, elle sentit une main remonter sous ses aisselles, et cette main cherchait à l'attirer.

— Si tu voulais, dit-il, on serait une bonne paire d'amis.

Il la regardait d'en haut, plongeant ses yeux dans les siens, les laissant descendre ensuite dans son cou. Elle fit un mouvement pour se dégager et vit qu'elle était tenue. Si c'était cela ce qu'il appelait être amis, ah bien non! elle ne voulait pas, et elle lui cria de la laisser. Il lui reparla de son caractère, de l'argent qu'il gagnait, de sa vie dans le bois, et elle l'écoutait, les yeux vagues.

— Oh! moi, dit-elle, je ne prendrai jamais qu'un homme à mon goût.

— Faudrait savoir alors quel est ton goût?

— D'abord, dit-elle, c'est pas que je tienne à l'argent. Pour ça, non. Y a des gens que l'argent ne rend pas plus heureux.

— Comme moi. De l'argent, c'est bon à riboter. Aujourd'hui vingt francs, et demain rien. Y a des fois que mes poches sont remplies comme ça. Eh ben, quoi? Est-ce que j'ai besoin de rentes, moi? On mange tout à boire, à danser avec les.filles, à faire le diable dans les villages. Et puis, que je dis, y a toujours le bois, après.

La pluie avait cessé. Des trouées d'un bleu lavé et doux s'apercevaient dans le haut du ciel. Tout autour, les nuages pendaient déchiquetés, en masses lourdes qui s'effrangeaient sur les bords. Cette déroute d'orage finissait dans un ruissellement de clartés blondes. Des arcs-en-ciel brillaient à toutes les feuilles. Des égouttées d'eau continuaient à tomber, ressemblaient à des chutes de perles. Il pleuvait à présent de la lumière le long des arbres, dans l'épaisseur des taillis, et les fonds du bois scintillaient dans une large averse de lueurs et de rosées. Dans la prairie, les herbes avaient des ardeurs d'émeraude. Des myriades de paillettes fourmillaient sous les feuilles; et la vapeur montant resplendissait au soleil comme une coulée de métal en fusion. Au bout de la prairie, le verger des Osiers s'étalait dans une nappe d'or immobile. La terre ressuait le déluge qu'elle avait reçu, Une odeur vireuse monta alors avec un relent de fermentation.

Ils étaient restés sous l'arbre, n'ayant rien vu de la pluie qui cessait, du soleil qui allumait le paysage. Ils continuaient à se sourire, fixés sur place par une sensation indéfinissable. Et subitement, une voix appela dans le sentier:

— Germaine!

Alors elle eut peur d'être vue avec lui.

— Bonsoir, cria-t-elle.

— Psitt, fit-il à demi voix, c'est dimanche kermesse au village. T'y viendras?

Elle tourna à demi la tête et regarda de ses yeux clairs, sans dire oui ni non.

VII

Elle viendra, pensa Cachaprès.

Et aussitôt la pensée qu'il lui fallait de l'argent lui passa par la tête. On danse, on boit, on fait de la casse: cela ne va pas sans quelques sous dans la poche. Et depuis que l'amour l'avait pris, il avait vécu de l'air du temps, ne pensant ni au gibier ni aux marchands. Même il n'avait pas mangé tous les jours. Cette grosse faim, qu'il nourrissait les jours ordinaires de proies prises dans le bois, s'était fondue sous l'ardeur sèche de son désir. Il aurait pu compter ses repas. Au petit jour une fois, il avait massacré un lapin d'une volée de coups de bâton. Il avait fait un feu de bois, et l'avait mis rôtir au bout de la baguette de son fusil. Il aurait mangé la peau avec, ce matin-là, tant son ventre était creux. Et deux jours après, il avait raflé un coq derrière la haie de la ferme des Osiers.

Cette fois, une gourmandise s'était mêlée à son appétit. Son coq sous sa blouse, il avait fait une lieue de chemin à travers la forêt. Il avait gagné les acculs, et là, une hutte de bûcherons amis lui avait permis de préparer cette viande au thym, avec sel et poivre. Malheureusement le coq était dur.

— J'suis volé!

Et tout de même, de ses dents aiguës, il l'avait mis en pièces. Un demi-pain de seigle et un pot d'eau avaient fait le reste du déjeuner. Il y avait eu d'ailleurs une aile et un morceau de la carcasse pour le bûcheron et sa femme. Une petite à tête de bête, qui vivait avec eux, avait sucé les os ensuite. Et cela avait été une belle nourriture en somme, dont s'était largement repu Cachaprès.

Les autres jours, flâtré de son long dans les herbes, il s'était contenté de manger des racines, de la sauge, du cresson, les choses qu'il trouvait sous la main. Comme les cerfs en octobre, occupés à raire et ne songeant plus à viander, des rages de femelle remplissaient son flanc creux. Il avait passé les trois premières nuits dans la forêt. Une jonchée de feuilles sèches avait préservé ses membres de l'humidité de la terre et il avait secoué en s'éveillant ses cheveux mouillés de rosée. Mais il était tombé des pluies, le quatrième jour. Des pluies de mai, aiguës comme des lances, ça n'est pas drôle.

Il avait traversé la forêt alors et il était allé coucher à la hutte, dans la tiédeur des bûches équarries au plein soleil.

C'étaient de vieux amis à lui, les bûcherons. Ils l'avaient connu grand comme un chevrillard de six mois. Bien des fois, il s'était caché chez eux quand les gardes le traquaient dans les fourrés. Et la vieille, une carcasse efflanquée et sans sexe, lui rappelait sa mère avec ses dents en pointe, sa face cave, sa dure peau tannée comme celle des bêtes.

— Hé! vieille hase, lui disait-il en terme d'amitié.

Et cela déridait un peu le cuir immobile de ce rude visage de femme. Quant au vieux, c'était un petit homme sec, plié en deux. Un coup de hache lui ayant emporté la main gauche, son bras se terminait par un moignon qu'il maniait à peu près comme une main. La vie de la forêt avait fini par lui façonner un museau allongé de loup, éclairé d'un clignotement d'yeux gris, sous un buisson de sourcils roux; du poil s'échevelait dans ses longues oreilles cornues. Il avait une malice, qui était de se faire passer pour sourd. Cela lui permettait de ne pas répondre quand il était interrogé ou que sa mégère, qui avait la voix haute, laissait crever sur lui ses bourrasques.

L'homme dans ce ménage était la femme. Elle fendait le bois à coups de hache, dans la forêt, d'un han! puissant, sans se lasser. Une chemise de grosse toile bouffant sur sa gorge plate, le cou et les bras nus, elle levait et baissait l'énorme fer d'un mouvement régulier qui faisait rouler les billes de ses biceps à temps égaux. Et la peau sèche, sans une goutte de sueur, elle commençait à l'aube et finissait à la nuit cette besogne qui lui faisait gagner la journée d'un homme.

Le mari, lui, brouettait les bûches, liait en fagots les brindilles ou taillait les ramons pour en faire des balais. C'étaient les Duc.

Il y avait près de quarante ans qu'ils habitaient leur hutte, la replâtrant à chaque hiver d'un peu de terre glaise, rempaillant de chaume les trous faits par l'ouragan au toit, maintenant debout la bicoque avec des rapiéçages rappelant le travail de reprises des vieux tricots usés.

Une colère était demeurée entre ces vieilles gens: ils n'avaient pas eu d'enfant. La Duc accusait l'homme; lui, grondait contre le ventre infécond de sa femme. Petit à petit, à force de l'entendre recommencer cette querelle, il s'était tu, finissant par croire que les torts étaient de son côté. Mais elle s'était obstinée dans son âpre concupiscence de femelle stérile, pareille à une lice gourmande qui ne décesse pas; et cette torture avait graduellement démoli le petit homme rabougri qui faisait à présent dans le ménage la besogne d'une femme.

Tout d'un coup, la fureur de la femme était tombée.

Un matin, en allant au bois, elle avait trouvé au pied d'un arbre, dans des linges tachés de sang, un petit enfant bleu de froid, demi-mort. Une mère avait dû s'accoucher là. Le sang allait en traînée jusqu'au sentier. Puis on ne voyait plus rien. La marâtre, ayant mis bas sa portée, s'était dérobée.

Ce fut une grande douceur pour ces créatures farouches. Les Duc ramassèrent le nouveau-né et, l'ayant porté dans leur hutte, l'élevèrent au lait de chèvre.

Elle devint vraiment leur fille. Ils l'avaient aimée comme si elle leur était sortie des entrailles, et elle avait poussé dans leur vie comme une partie d'eux-mêmes, ayant leur rudesse, leurs instincts, leur haine de tout ce qui n'était pas la forêt.

Dans les commencements, une peur les avait empêchés bien des fois de dormir. La mère se trouverait un jour peut-être; elle réclamerait son enfant: cela ferait des affaires. Non pas que la Duc se fût résignée à rendre la petite; elle l'aurait tuée plutôt d'un coup de son sabot; car si elle ne l'avait pas nourrie de son lait, c'est qu'elle n'avait pas pu et elle n'en avait pas moins été la mère définitive pour cette fillette abandonnée par une mère de hasard.

Heureusement, la peur avait été vaine. Aucun être vivant ne s'était présenté pour réclamer cette œuvre de la chair lâchée au coin d'un bois.

Elle avait continué à vivre à un pas de l'arbre au pied duquel elle avait été trouvée. La forêt avait pris possession de cette vie commencée dans la forêt, lavant de ses soleils, de ses pluies, de ses neiges, l'horreur du crime originel et berçant cette souillure comme elle eût bercé une royauté. Et elle avait grandi dans l'ignorance de ce qu'elle était, obscurément, comme les couleuvres, les lézards, les scarabées au milieu desquels elle courait. Les Duc ne lui avaient jamais rien dit, d'ailleurs, ayant presque oublié qu'elle n'était pas leur fille. Elle les appelait Pa et Ma de sa voix aiguë, qui glapissait par moments; et cette paternité avait fini par être indestructible comme de la pierre maçonnée dans du ciment. Du reste, on ne s'était pas même occupé de lui trouver un nom. À quoi ça eût-il servi, un nom, dans la forêt? Est-ce que les milliers de vies qui germent dans un espace large comme la main ont un nom? Il suffit que cela pousse, et cela s'appelle de la vie, simplement. Les Duc obéissaient sans s'en rendre compte à cet instinct de l'existence sauvage, pour qui vivre est tout. Ils l'avaient appelée la P'tite dès la première minute qu'ils avaient reconnu son sexe, et ce nom, qui n'en était pas un, lui était resté.

Cachaprès seul, avec son habitude de donner aux gens le nom des bêtes, l'appelait: Gadelette.

— Hardi, Gadelette! disait-il en entrant, saute à guiguitte sur mes genoux.

Et elle sautait, leste comme un cabri, se ventrouillant dans ses larges pectoraux.

Elle l'avait aimé comme une habitude, comme une connaissance, d'une amitié vague de petite fille. Elle tirait ses cheveux, le battait de son poing, cherchait à le mordre dans le cou, avec des férocités de jeune chien. Ou bien elle se pendait à ses jambes, cherchait à le renverser, de ses doigts de fer lui pinçait le mollet comme avec des tenailles. Il se débarrassait en riant et d'une main la soulevait jusqu'à sa bouche, malgré ses trépignements.

VIII

Il y avait un moyen très simple pour Cachaprès de se procurer de l'argent: c'était de faire le bois.

L'après-midi s'achevait dans un apaisement. Le ciel, débarrassé de nuages, élargissait sur les arbres un azur pâle, qui commençait à se dorer vers l'horizon. Une vapeur montait des terres trempées par l'averse. Le gaillard se dirigea vers un fourré. Un passage étroit, à peu près invisible pour tout autre que lui, conduisait à un enchevêtrement de ronces. Il se coula, plié en deux, sous l'enlacement des branches. Par moments, des épines l'égratignaient. Et sans avoir fait plus de bruit qu'un lapin qui coupe la sente, il arriva à l'épaisseur des ronces. C'est là qu'était caché son fusil, dans une bonne gaîne de cuir goudronné. Il le tira doucement à lui et, rampant cette fois, sortit du fourré par une sente où l'on ne passait qu'aplati sur le ventre. Une fois dehors, il écouta, la tête tendue dans le vent. Personne. Alors il ouvrit sa veste, laissa couler son fusil le long de sa chair et s'enfonça dans la forêt.

Il avait pris l'allure d'un homme éreinté et vieux. Appuyé sur un bâton qu'il venait de couper, il traînait la jambe contre laquelle pendait sa carabine. La largeur de ses épaules s'était effacée. Il marchait le corps oblique, la tête ravalée, rapetissant sa haute stature. Ainsi, les gardes ne se défiaient pas. Cette mince silhouette passait presque inaperçue, dans les arbres. Ou bien aperçue, elle semblait appartenir à un pauvre hère cheminant vers son logis. C'était une des mille ruses de Cachaprès de prendre dans l'ombre des postures douteuses; et, tout en ayant l'air de se mouvoir lentement, il faisait de larges enjambées. Il avait emporté son fusil à tout hasard; on n'est jamais sûr de ce qui peut arriver, Une bête peut vous partir dans les jambes. Puis, on a des chances de tomber sur quelqu'un qui n'aime pas les braconniers. Ça, c'est la chasse à la grosse bête, alors, il faut toujours être prêt à tout.

Cependant, il était prudent depuis quelque temps. Il évitait de tirer. Un coup de feu est entendu des gardes, et il sentait le besoin d'être un peu oublié. Un collet, au contraire, se pose sans bruit et l'on a moins de risque d'être pourchassé.

Les yeux de Cachaprès sondaient les profondeurs de la forêt. L'intensité du guet leur donnait une sorte de phosphorescence. Ils étaient effroyablement tendus et roulaient dans tous les sens, embrassant presque à la fois toute l'étendue qu'ils avaient devant eux. Un peu plus d'agitation dans les branches, une ondulation inhabituelle des taillis, un jeu de la lumière détachant un objet sur le noir des fonds les arrêtaient. Ils s'agrandissaient alors et l'énorme forêt semblait tenir à l'aise dans cette dilatation. Le cou tendu, avec ses yeux terrifiants qui dévoraient l'inconnu, l'homme prenait en ce moment des airs de bête fauve à l'affût. L'alerte reconnue fausse, le regard se détendait dans des cercles petit à petit diminués.

La forêt alignait ses enfilades de hêtres dans des perspectives de minute en minute plus assombries. Du côté du couchant, une criblée de lumière trouait la masse noire des feuillages. Par places, un large rayon de soleil fendait obliquement l'air, semblait couper en deux les arbres, traînait sur le sol rouge: et les oiseaux, se taisant l'un après l'autre, un silence s'appesantissait sur les bois.

Le ciel flamboyait à présent comme un brasier. Des bouts de laque pendaient accrochés au fourmillement des feuilles. Les arbres prenaient une immobilité de fûts en bronze sur l'or pâle du soir. Un instant, tout le dessous de la forêt nagea dans un tourbillonnement de vapeur vermeille. Une lueur d'incendie alluma les lointains, empourprant les filées d'arbres au loin, et les flaques d'eau eurent un étincellement sombre de sang. Puis, comme une braise qui s'éteint, la clarté rouge se mit à pâlir, prenant par degrés une douceur mourante de rose qui, à son tour, se fondit dans la nuit grise. Et, subitement, les feuillages s'obscurcirent.

Alors, il se redressa.

Un reste de jour blanchissait la terre sous ses pieds. Il se trouvait dans un large découvert planté de jeunes arbres. Un chemin charretier le coupait en deux, et de part et d'autre la clairière s'étendait en broussailles crespelées qui, plus loin, s'accumulaient avec des épaisseurs de fourré. Des coulées filaient sous les ronces, pratiquées à coups de dents par les lièvres et les lapins.

Il s'était baissé, était demeuré un instant immobile à regarder des voies empreintes dans la terre. Et ces voies, toutes fraîches, allaient de la partie de la clairière qui était à sa droite vers celle qui était à sa gauche. Des abattures plus rapprochées se mêlaient à des foulées larges. Nul doute, une chevrette avait passé là de compagnie avec son brocard. Il retira son fusil de dessous ses habits, ouvrit la gaîne et en retira du laiton. Puis immobile, dressé de toute sa taille dans le silence de la forêt, il écouta s'il n'entendait pas les approches des gardes. La nuit était muette. Des froissements de branches, une rumeur vague s'échappaient seuls des fourrés, et par-ci par-là un cri de bête rauque et doux.

L'homme mit son fusil sur une épaule, passa la gaîne de l'arme en bandoulière autour de l'autre, et le corps plié, retenant son haleine, posant ses pieds sourdement l'un après l'autre, il s'avança dans la direction qu'avaient prise les bêtes. Des moquettes s'éparpillaient à présent parmi les empreintes; il les voyait distinctement, bien que la nuit fût tombée complètement. Mais la clarté du jour semblait être demeurée dans ses prunelles et, comme les chats, il les avait lumineuses et profondes.

Il était sûr de tenir un bon passage. À une certaine distance du chemin, l'herbe, très piétinée, indiquait même une habitude de gagner par là le haut de la forêt. Selon toute probabilité, le brocard et sa chevrette reprendraient la même route pour rentrer à la remise, et il se mit à regarder autour de lui. cherchant un arbre flexible et jeune.

Un petit bouleau se dressait au milieu des touffes de bruyère. Il l'attira à lui, le courba, et, avec du fil de laiton, fit un large nœud coulant. Puis il prit une touffe de bruyères et la passa sur le collier pour faire disparaître l'odeur de ses mains. Sûrement, si le couple revenait par le passage, le brocard, qui va devant dans les coulées, passerait sa tête à travers la bricole, et, à en juger par la largeur de la pince, il devait être de bonne prise.

L'homme détala.

Une lune claire s'arrondissait dans les arbres, noyait la forêt dans un crépuscule bleuâtre. Et un souffle lent, continu, semblait être la respiration de la terre.

Cachaprès se mit à quatre pattes, et sautant à petits bonds, s'effaçant derrière le hérissement des buissons, il descendit le chemin qui coupait la clairière sur un assez large parcours. Un chevreuil, c'est déjà de l'argent. Mais le brocard pouvait se dérober, et, en fin de compte, il valait mieux deux bêtes qu'une. Ces idées de proie se mêlaient dans sa tête à la sensation amoureuse de presser Germaine contre lui, de la griser avec du vin et puis, peut-être, de l'entraîner dans la nuit. Sa silhouette arquée se confondait avec l'ombre des genêts, très abondants en cet endroit. Le seul bruit qu'il faisait en courant était de mettre parfois le pied sur une branche sèche qui craquait. Il ouvrait largement à terre la paume de ses mains, reposant tout son corps sur celles-ci et imprimant à ses reins des secousses légères, de façon à toucher à peine le sol du pied,

Il cherchait un passage commode pour se glisser dans l'épaisseur du fourré, qu'on voyait, à une portée de fusil du chemin, faire une large tache noire sous la clarté de la lune. Il finit par trouver une refuite visiblement élargie par les bêtes à leur rentrée: elle filait dans la bruyère, martelée par le piétinement des soles, et par moments se dérobait sous des couverts de taillis.

Un petit chêne râblé avait poussé là, en compagnie de trois bouleaux, et ces quatre arbres mettaient un tremblement d'ombre sur la nudité des solitudes, Cachaprès posa le pied sur un des nœuds du chêne, la main sur un autre, et, s'aidant des genoux, grimpa jusqu'au premier rang de branches. De ce point, il dominait le taillis, les genêts, le déroulement de la sente jusqu'aux fourrés. Il ouvrit son couteau, piqua la lame dans la branche et tendit l'oreille.

Un murmure profond flottait dans l'énorme clarté bleue de la nuit. C'était la douceur d'un éventement qui ne finissait pas et se prolongeait, régulier, noyé dans un bourdonnement inexprimable. Cela traînait dans les arbres, sortait des taillis, montait des profondeurs, avec un ronflement assoupi d'orgue. Et une autre rumeur, sourde également, se confondait avec celle-là, composée du broutement de toutes les bêtes rôdant à travers la nuit. Une curée énorme s'accomplissait, des ventres se gorgeaient dans l'ombre, et toutes ces voracités réunies formaient au fond de la forêt un bruit pareil à celui du vent dans les pins.

Cachaprès, lui, était habitué à cet orchestre extraordinaire de mâchoire, broyant et de coups de dents happant. Il reconnaissait au froissement des branches les reins glissant dans les taillis, les croupes frôlant le dessous des arbres, l'ondulation souple des chevreuils filant dans le mystère des remises, le bondissement des lièvres coupant de leurs dents aiguës leur passage à ras du sol. Et par moments, ce vaste grouillement obscur était dominé par les retombées saccadées d'un galop. Des pourchas remplissaient les fourrés d'une colère vague, avec des heurts secs de cornes et des rumeurs de voix grêles. Puis le tapage cessait, se terminait dans le piétinement étouffé d'une marche incessante et l'halètement continu de tous les ventres vautrés dans des ripailles.

Et Cachaprès écoutait monter à lui l'inexprimable horreur de cette animalité éparse à travers les ténèbres, Une odeur s'échappait des cohues confuses qu'il sentait battre la nuit autour de lui, et cette odeur le grisait, finissait par l'emplir d'un vertige. Il aurait voulu tenir toutes ces proies l'une après l'autre au bout de sa carabine, se prendre corps à corps avec elles, rouler dans leur sang après les avoir égorgées à coups de couteau. De ses yeux agrandis, il les regardait moutonner dans les transparences des taillis, silhouettes grises, blancheurs fuyantes, fourmillement de formes indécises, et, à de certains moments, ce va-et-vient farouche paraissait s'immobiliser au milieu du sommeil du bois, et des soupirs, des vagissements d'amour et de douleur répondaient seuls alors à la voix grave du vent, qui continuait à ronfler dans le silence de la nuit.

Tout à coup, un cri déchira l'air. C'était l'homme qui imitait le chevrotement de la femelle: en même temps, il oignait ses habits d'une graisse puante qu'il avait prise dans une de ses poches.

Il écouta.

Une agitation se produisit dans le fourré. Il y eut un froissement de branches remuées. Et, presque aussitôt. un chevrotin bondit dans la clairière, la tête haute. Là, une hésitation parut le prendre. Il demeura un moment immobile, aspirant à plein mufle cette senteur maternelle. La vapeur bleue de la lune l'enveloppait, lustrait son pelage, allumait une paillette dans son œil rond, et subitement il recommença ses bonds, du côté du chêne cette fois.

Cachaprès, arc-bouté sur sa branche, la tête ramassée dans les épaules, leva son terrible bras, plus ferme en ce moment qu'un pieu de fer. Une férocité le remplissait, sa narine battait. Mais, froid comme son couteau, son œil guettait la place où il allait frapper.

Le chevrotin avança d'un bond encore et tendit sa fine tête avec un mouvement inquiet. Un sifflement perça l'air alors, et, lourd comme une masse, le couteau vint s'enfoncer entre les épaules de la bête, qui poussa un cri déchirant, se dressa sur ses pieds de derrière, et, la minute après, roula deux fois sur elle-même.

D'un saut, l'homme fut à bas de la branche. Une trépidation continue secouait l'animal. Ses soles battaient les feuilles par saccades violentes, et un spasme déchaussait sa mâchoire, d'où coulait du sang à flots. Cachaprès posa la main sur son couteau, l'enfonça d'un coup jusqu'au manche, puis le retira. Le chevrotin eut alors un redressement effroyable. Il se leva sur ses genoux, détendit ses mandibules comme pour clamer, et tout à coup retomba, la tête ballante, ses larmiers largement ruisselants.

La lune mettait sa clarté pâle sur cette agonie. Lui, demeurait là, les bras croisés, regardant se tordre et gigotter sa proie. Il admirait son coup, satisfait d'avoir frappé au bon endroit. Et muet, insensible à la mort qui tardait, il attendait le moment d'emporter la bête.

Une secousse suprême mit fin à cette torture. Il souleva l'animal par les pieds, pour juger du poids. C'était un chevrotin d un an. Les broches lisses et solides commençaient à sortir du merrain. Le petit était de bonne prise.

Il boucha de terre le trou fait par son couteau, pour arrêter le saignement. Puis, d'une secousse enlevant le corps, il le fit retomber sur ses épaules. Ainsi chargé, la tête de la bête battant ses reins, il gagna à travers la forêt une coupe de bois récemment abandonnée, où se massaient des bûchers. Là, il creusa de sa main et de son couteau un large trou, y coula le chevreuil et pardessus étendit une couche de feuilles sèches. Il avait son plan.

La lune éclairait perpendiculairement la forêt. Sa large illumination blanche s'élargissait entre les arbres, traînait en nappe argentée sur les terrains, faisait luire l'écorce polie des bouleaux dans la pâleur des lointains. C'était la lumière de minuit. Elle s'épanchait énorme et sereine sur le lourd sommeil des bois.

Cachaprès calcula qu'il avait quatre heures encore avant le jour. Une heure de marche pour gagner la cabane des Duc, une heure pour se reposer, puis deux heures pour chercher le gibier, le charger et se mettre en route pour la ville, cela lui suffisait.

Il coupa à travers la forêt. Il marchait dressé de toute sa taille, continuant seulement à étouffer le bruit de ses souliers, par une vieille habitude. Et, le cœur gai, sifflotant un air entre ses dents, il passait à travers les éclaircies de lune, sous les hêtres balancés au vent. Des lapins partaient de dessous ses pieds. Il les écoutait filer dans les genêts, leurs ongles égratignant la terre d'un grattement sec. Et, d'autres fois, des fouines, des mulots, des blaireaux le frôlaient de leurs corps minces. Il abattit une fouine du plat de son talon, tua à coups de couteau deux lapins, atteignit d'une énorme volée de sa trique un harret, accomplissant ainsi sa besogne d'extermination et couvert d'un peu plus de sang à chaque massacre. Il était l'oreille ouverte à toutes les agitations de la nuit, la ruse éternellement vigilante, la main invisible qui cogne, frappe et tue; il était la mort. Les bois semblaient secoués d'un long frisson à son approche.

Il marcha pendant une heure et arriva à la hutte des Duc.

— Hé! vieille hase! cria-t-il en heurtant à la porte.

Une voix éraillée grommela de l'intérieur:

— Est-ce toi, fieu?

— Oui.

Au bout d'une minute, un pied nu claqua à terre, et la vieille apparut, sèche comme un squelette, ses vertèbres moulés dans sa chemise de grosse toile. Elle était habituée à ces apparitions matinales.

— Qué nouvelle? fit-elle.

— Y a qui faudra venir au bois au petit jour, dans deux heures, toi et la brouette.

— Où ça?

— Au Rond-Chêne. Tu ramèneras des ramons.

— Y a lourd à porter?

Il haussa les épaules.

— Une pièce, deux pièces. À voir.

— D'abord que c'est dans deux heures, j'ai le temps de me mettre cor' une heure contre mon homme. Et toi?

— Moi! J'vas dormir le même temps là-dessus.

Il montrait une botte de paille posée droit dans un coin. Il l'ouvrit, l'étendit à terre et s'allongea. Il vit alors le tibia calciné de la vieille qui se glissait sous la couverture où Duc, les yeux demi-ouverts, faisait semblant de ronfler.

— Bonsoir la compagnie, cria-t-il.

Un mouvement lui répondit du fond d'un tas de feuilles, à côté de lui.

— Tiens! dit-il, c'est toi, Gadelette?

P'tite ramena ses jambes sous son ventre, se retourna sans rien dire, et, deux heures durant, tandis qu'il dormait son puissant sommeil à pleins poumons, elle demeura éveillée, se rongeant les doigts et le regardant de ses yeux de chat.

IX

Au bout de deux heures, la vieille Duc tira l'une après l'autre ses maigres jambes hors du lit. Elle passa un jupon, boutonna une jaquette sur sa chemise et chaussa ses pieds nus de gros souliers à clous. Cela fait, elle alla tirer de l'appentis une brouette.

Le petit jour pointa entre les arbres.

— Debout, garçon! cria-t-elle.

Il ne bougeait pas. Aplati sur la paille, il laissait aller sa forte respiration dans un soulèvement régulier de ses pectoraux. Elle le secoua alors de sa poigne rude.

— Hein! fit-il en se dressant.

Et il la vit debout dans le carré de la porte, vaguement blanchie par l'aube. Il se frotta les yeux, bâilla, s'étira:

— M'est avis, la mère, que Gadelette n'serait pas de trop.

Le tas de feuilles sèches s'agita, vola en l'air, et P'tite se mit debout d'un bond. De la paille était entortillée dans ses cheveux bruns, crespelés comme de la broussaille. Un petit jupon noué autour de ses reins minces descendait jusqu'à ses genoux, largement troué à la cuisse et laissant voir la chemise sale. L'étoffe bridait sur un petit ventre plat, d'une maigreur sèche. De même, la gorge n'avait pas plus de renflement que celle d'un garçon, et les jambes, sous leur croûte de terre poissée, montaient droites, sans mollets. Elle jeta sur ses épaules un lambeau de veste, passa la tête dans la bricole et se mit à pousser la brouette devant elle, tapotant de ses pieds nus l'herbe trempée de rosée.

— Moi, fit Cachaprès, j'file par ici. J'ai mes raisons. On s'attendra au Rond-Chêne, comme c'est dit.

Et à larges enjambées il refit la route parcourue quelques heures auparavant.

Le gris fumeux qui s'entrevoyait dans les feuillages avait bleui petit à petit, et ce bleuissement gagnait les taillis, rampait à ras du sol avec un ton aigre de givre. Un reste d'obscurité s'emmêlait aux troncs, dans la profondeur. Puis la clarté élargit sa trouée à travers les arbres. Une clarté de minute en minute plus éclatante remplit l'épaisseur des branches, et subitement une rumeur de gosiers gazouillants s'éleva de la mer glauque des verdures, agitée par moments de longues oscillations qui se communiquaient de proche en proche.

Il arriva à la clairière avant le soleil. La lumière mettait dans le levant comme une énorme palpitation de chair amoureuse. Un lac d'or s'étendait par-dessus les bois, lentement fondu à des bleus éteints; et, du côté de l'occident, une traînée de flocons blancs avait le frisottement de sables quittés par la marée, semblait voguer à la dérive dans la splendeur croissante du matin.

Cachaprès étouffa un cri de joie.

Il venait d'apercevoir sur l'herbe grise de rosée la silhouette couchée d'un brocard. La tête, étranglée dans le collet, ouvrait d'énormes yeux demi-sortis des orbites. Une bave coulait des naseaux. Et la bête, ayant râlé la mort, avait laissé pendre sa langue blême dans une grimace convulsée du mufle.

Il la chargea sur ses épaules; puis courbé, bondissant d'arbre en arbre, il prit sa course.

Au Rond-Chêne, la Duc l'attendait. C'était un arbre très large et le plus gros chêne de cette partie du bois. Cela lui avait valu d'avoir un nom parmi les autres. Il avait poussé au milieu d'un fourré.

— Hardi! vieille Hase! cria le gars, v'là le soleil qui tape!

Un éblouissement passa dans l'air: c'était le premier rayon qui s'abattait à travers la forêt. Alors Cachaprès fut pris d'une rage d'activité. Avec des gestes rapides et précis dont aucun n'était perdu, il aida la vieille à couper les ramons, les entassant ensuite et les liant avec de la corde. Et quand il y en eut une pleine charge, il étendit le chevreuil sur une première couche, le corps tourné en rond, les pattes repliées et la tête au ventre. Une seconde épaisseur couvrit la bête, et il tassa le tout de toute la force de ses bras, pesant à plein corps sur la brouettée.

P'tite, pendant ce temps, allait et venait, faisant le guet. On entendait continuellement le froissement des feuilles sèches sous son piétinement pressé.

— Hardi! hardi! criait toujours le gaillard.

Il leva la brouette et la poussa à travers le taillis jusqu'à la coupe de bois. Là, il fit halte. Il commanda à la Duc de ramasser des ramées.

— Et toi, Gadelette, aie l'œil.

Il alla à la cachette du chevrotin. La bête avait gardé de son effroyable agonie une douceur triste. Une désolation mêlée de stupeur nageait dans son œil large ouvert, comme un retour de vie.

— Il vit! s'écria Gadelette, trompée.

Cachaprès haussa les épaules et posa le chevreuil sur la brouette. Il était plus facile à masquer que l'autre, étant de douze mois seulement. Un rang de ramées suffit à le dérober. Et tout à coup, satisfait, l'homme battit ses mains l'une dans l'autre et cria:

— Hue! vieille hase! Chez Romiron, à présent! Tu sais, le boulanger.

Et il ajouta le nom de la rue, avec quelques recommandations. Ne pas balancer la brouette, ne parler à personne, et si elle était interrogée, répondre quelle allait chez Romiron vendre des ramées.

— Ah! donc! fit la vieille, crois-tu que je me laisse moucher le nez par les gens?

Elle raidit son échine, et d'un coup de bras vigoureux enleva la brouette. P'tite s'était mise en avant et, de toutes ses forces, tirait, les deux mains accrochées à l'attelle.

X

Il leur laissa prendre une avance. La brouette à présent longeait un chemin uni qui menait à une chaussée. À un détour, celle-ci apparut avec son pavement gris, inégal. La vieille Duc avait ôté ses souliers, son pied déchaussé emboîtant mieux le pavé, et elle allait d'un bon train, raidie sous sa charge.

Il y avait deux heures de marche de la forêt à la ville. D'abord, la chaussée côtoyait des taillis, puis les taillis s'espaçaient; des champs cultivés s'élargirent alors de chaque côté; et, mêlées aux cultures, des fermes, des maisons finissaient par former des villages. On apercevait leurs toits rouges entre les arbres, bien avant d'arriver, et par delà les rangées de maisons qui bordaient la route, d'autres maisons, reculées dans la profondeur, prenaient un ton rose pâle demi-effacé par les fumées du matin. Une grande chaleur s'appesantissait sur la campagne.

Cachaprès flânait, entrait dans les cabarets. Debout devant le comptoir, il avalait une chope. Comme il était connu, on lui demandait des nouvelles du bois. Il clignait de l'œil.

— Vous voudriez savoir de quoi, pas vrai? Eh ben, non. Le bois, c'est mon affaire. Y en a qui disent que les braconniers font tort au bois, qu'y a plus de chevreuils, plus de lapins, plus de faisans. Moi, je vous dis que c'est pas vrai. C'est les gardes qui disent ça pour amuser le monde. Moi, je m'en fiche, des gardes. Je leur-y dirais ça à eux-mêmes. Qu'y fassent notre métier donc, et y verront s'y a plus de bêtes au bois.

Le genièvre le mettant en gaîté, il raconta qu'il avait descendu deux chevreuils la nuit. Et même les chevreuils avaient pris la route de la ville. Il ne s'en cachait pas. Au contraire, il faisait le pari d'aller le dire aux gardes si quelqu'un tenait pour une tonne de bière à boire avec les camarades.

Il frappait sur les tables de la largeur de son poing. Une expression de défi troussait sa lèvre. Il regardait les paysans la tête haute, avec son instinct de sauvage indépendance. Et il s'en allait, disant qu'il repasserait payer en revenant de la ville. Il frappait ses poches du plat de la main.

— J'serai riche!

La Duc et Gadelette, pendant ce temps, arpentaient le long ruban de chaussée. L'enfant haletait; à force de tirer, le rude épiderme de ses mains s'était crevassé; un peu de sang rougissait l'attelle. Quant à la vieille, elle avait conservé son large pas égal. Les bretelles entraient dans la peau de son crâne. Elle plissait les yeux, gagnée par un étourdissement; mais, comme la bête à la charrette, elle serait tombée sur ses deux genoux plutôt que de s'arrêter. Ce groupe farouche traversa les faubourgs.

Romiron le boulanger habitait une des premières maisons de la ville. Il vit s'arrêter à sa porte la brouette chargée de ramées et descendit. Romiron était un des relais de Cachaprès quand il apportait son gibier à la ville. Il y avait un hangar dans sa cour. On y débattait les conditions de la fraude et, la nuit, les marchands venaient s'y approvisionner. La surveillance des gens de police passait ainsi par dessus la tête des coupables, les agents ne s'avisant pas qu'un boulanger se mêlât de cacher du gibier.

Romiron connaissait la bûcheronne. Ce n'était pas la première fois que Cachaprès la chargeait de ses commissions. Il lui fit un signe et alla ouvrir une porte charretière par laquelle on pénétrait dans sa cour. Pas un mot n'avait été dit.

La vieille, alors, donna une dernière poussée à la brouette. Du bois mort encombrait le hangar. Elle remisa sa charge derrière un tas. Puis, débarrassée enfin, elle s'assit sur un des bras du véhicule, hoquetante. Sa peau couleur de cuir s'était tatouée de plaques livides, à côté d'autres d'un rouge vif. Un tremblement secouait ses mains. Elle s'abattit avec l'éreintement lourd des bœufs. Sa chemise trempée collait à ses os, et dessous battait sa gorge plate, avec des halètements saccadés. P'tite, elle, s'était couchée de son long sur l'aire froide. Cette fraîcheur calmant la brûlure de ses mains et de ses pieds, elle demeura là, son ventre touchant la terre, la joue contre ses mains, à dormir son somme interrompu de la nuit.

Cachaprès arriva avec un marchand. Ils enlevèrent les ramées.

— Pèse ça, dit Cachaprès au marchand en lui passant le chevrotin.

Puis enlevant la seconde couche de branches et tirant à lui le brocard, il reprit:

— Et c'ti-ci, donc! Si j'avais écouté mon sentiment, vrai, je l'aurais laisse dans le bois. Un amour de bête, et qui n'a pas sa pareille! Regarde son museau. Y en a-t-il beaucoup qui t'apportent de la marchandise comme ça? Tiens, Bayole, ça m'émeut de le voir couché là. Une si belle pièce! M'en faut des deux, cinquante et vingt avec, ou rien de fait. J'repars, j'reporte mon chevreuil avec moi. J'aime mon métier, moi; j'suis pas un boucher, nom de Dio!

Il s'attendrissait sur sa chasse. Il se trouvait bien bon de penser aux marchands par ce beau soleil. Il y avait trois nuits qu'il était à l'affût de son brocard. Il avait failli être pincé par les gardes. Et d'autres choses semblables. Puis il s'emporta contre les gens qui ne savent pas reconnaître une pièce rare d'une pièce ordinaire. Sa voix eut même en cet instant un tremblement d'indignation. Et, tout à coup, il poussa le coude à Bayole, lui reparla de son prix.

Bayole était en veste de toile blanche: un large tablier blanc pendait le long des cuisses. Il avait un magasin de gibier très connu, dans une rue voisine. C'était un petit homme court et gras, la figure pâle, avec des joues glabres retombant sur son col de chemise. Il se balançait devant Cachaprès, les yeux tournés du côté des chevreuils, ses mains dans les poches, le laissant dire.

— Eh ben, quoi? Combien? répéta le braconnier. À la fin, il se décida. Il haussait les épaules, plissait la bouche avec indifférence.

— Pour ce que ça vaut, dit-il, soixante francs c'est un bon prix.

Alors l'autre s'encoléra pour de bon.

— Soixante francs! T'en rirais toute ta vie. T'as donc pas de cœur au ventre que tu m'offres soixante francs! Et pourquoi? pour deux pièces dont on me dirait partout que ça m'fait honneur.

Et il ajouta:

— Bayole, t'es mon ami, est-ce pas? Eh ben, si tu l'étais pas, vrai comme j'suis ici, on verrait un peu.

Puis, se radoucissant:

— Non, vrai, là, j'perdrais au-dessous de soixante-quinze.

Bayole finit par donner soixante-et-dix. Mais c'était bien parce que c'était lui. Cela sortait de ses prix. On gâtait les gens à leur payer trop cher la marchandise. Et Cachaprès le poussait de petits coups d'épaule, lui riait dans le cou, répétant:

— Tu sais ben qu'non, menteux!

Bayole le mena à sa boutique. Une grosse femme en manches blanches, le nez troussé, rose et fraîche, s'étalait au comptoir dans l'odeur des jambonneaux. Cachaprès tira d'un geste brusque sa casquette.

— Excusez, mame Bayole, j'suis mis comme à l'ordinaire. J'ai ma veste de travail. Les bêles, voyez-vous, y z'aiment pas qu'on soit habillé comme les môssieu.

Il frottait ses gros souliers poissés de terre au paillasson, sans voir qu'il éraillait la paille. Un large sourire aimable ouvrait ses joues. Il y avait dans ce sourire une intention manifeste de se gagner les bonnes grâces de Mme Bayole. Et celle-ci le regardait avec la bonne humeur de ses yeux clairs, à demi-noyés sous la chair. À la fin il entra, passa dans l'arrière-boutique, et là se carra sur une chaise avec l'importance d'un homme bien accueilli.

— Bayole, fit-il, t'es un homme. Vrai comme y a un Dieu, tu serais pas un homme que j'te le dirais.

Il s'allongea, se mit à l'aise. Le marchand lui compta l'argent, par écus de cinq francs. Il se leva alors et secoua la main de Bayole énergiquement.

— Si mame Bayole et les petits ont une fois l'idée de venir, fit-il, on les mènera tuer des lapins. Elle a l'air bonne femme, ta femme. Tu lui diras ça, à mame Bayole, avec mes compliments.

C'était à peu près la même scène chaque fois qu'il arrivait.

Cachaprès sortit. Il avait laissé la bûcheronne chez Romiron. Il voulut absolument la promener en ville, elle et la P'tite.

— T'faut-y un chapeau? une robe? T'as qu'à parler. J'suis riche.

Elle haussait les épaules. Il les mena dans une gargote. Il commandait en maître, frappait du poing les tables, gourmandait les garçons, installé sur le banc de toute sa largeur. Il fit apporter du bœuf, et à lui seul lampa une bouteille de vin. Puis il en demanda une seconde. Gadelette n'en avait jamais bu. Deux verres la grisèrent. Elle eut alors une quinte de rires qui ne finissait pas et qui fit éclater la large hilarité de l'homme.

Dans l'après-midi, la Duc alla prendre la brouette chez Romiron. Le repas de la gargote lui avait fait une ample provision de forces. Une allégresse de vin déridait sa sévérité et sous elle allongeait son pas, largement.

XI

Le jour de la kermesse arriva.

Dès le matin, une fermentation remplit le village. Les cabaretiers s'étaient approvisionnés de bières. Des pains d'épice avaient été étalés par tas à la fenêtre des épiciers. Et toute l'après-midi de la veille, les fours avaient brûlé pour la cuisson des tartes. Devant les portes, le pavé balayé reluisait de propreté. Des rideaux frais, relevés par un nœud de couleur, mettaient leur blancheur sur le noir des vitres. Un tapage de ménagères lavant à grands coups de balais les chambres des maisons traînait dans l'air. Dix heures firent sonner les cloches de la grand'-messe. Alors, les brosses et les seaux furent remisés, les bras rouges enfilèrent les manches des robes, et la gaieté commença.

Des hommes montraient sur le seuil des cabarets leurs faces détendues par une demi-ivresse. Ceux-là étaient en train depuis la sortie de la messe de huit heures. Une odeur de lampées montait de leurs blouses. Quand des groupes passaient sur le chemin, ils cognaient au carreau et les appelaient pour trinquer avec eux. Cela faisait petit à petit des rassemblements.

La chaleur étant très grande, on se mettait à la porte debout devant les tables. On se parlait nez à nez, l'un en face de l'autre, avec des gestes amples. Des affaires se traitaient, la finesse, aiguisée par le genièvre, mettait aux prises les marchands de grains et les marchands de bestiaux, arrivés du matin. On se secouait les mains; des démonstrations d'amitié rendaient les yeux tendres; et la tendresse augmentant, on se régalait de tournées réciproques.

Des verres vides encombraient par files inégales les tables poissées d'écume de bière. Quelquefois un mouvement brusque d'un buveur faisait bouger les verres, qui s'entrechoquaient avec des cliquetis. Ce bruit des verres se mêlait à la rumeur des conversations, celles-ci formant un grand bourdonnement sourd qui avait l'air de rouler sous les tables et par moments était dominé par des éclats de voix plus hauts.

Dans l'intérieur des cabarets, une fumée bleue battait les plafonds et de là retombait en nuage sur les gens assis. Des dos s'arrondissaient dans des sarraux indigo, lustrés par les filées de jour qui passaient sous les stores demi-clos. Des coudes nageaient dans de la bière; sur les faces plus rouges grandissait l'ivresse.

Tout le monde fumait. Des étincelles braséaient au creux des pipes. Çà et là, une allumette éclatait, lueur phosphorescente dans l'obscurité brune. Les bouches rejetaient les bouffées de tabac, bruyamment; des salives claquaient à terre; parfois, un hoquet mettait comme une coupetée brusque sur le ronflement de toutes les voix parlant ensemble.

On entendait tinter les verres sur les plateaux portés par les servantes. Celles-ci, la robe troussée, circulaient difficilement, bousculées par l'animation générale. Un juron leur sortait des lèvres alors, tandis que les plateaux chaviraient à moitié dans un large épanchement de liquide. Puis des poussées les prenaient en flanc. Des mains tâtaient leurs gorges, par dessus les plateaux, et elles avaient à se défendre contre des libertés de gestes. L'échauffement des esprits se mêlait d'un peu de lubricité à la vue de cette chair mafflue qui frôlait les tables; et à chaque verre, l'effervescence s'accroissait. Les torses se tassaient sur les chaises. Il y avait des écrasements d'épaules le long des murs. Des gens avaient l'air de s'être effondrés sous une tapée de coups de poing. Les mains faisaient dans le vide des mouvements vagues. Lentement, la bière assommait cette cohue. Et une odeur de brassin montant des caves où fermentaient les futailles, achevait de griser les cerveaux.

Dans les cours, le brouhaha n'était pas moindre. On criait, on cognait les tables, des rires battaient les feuillages et le bruit s'augmentait autour des jeux de quille, et du roulement des boules et des chamaillis de contestations. À tout instant, la boule partait, frappait la planche d'un coup sec, puis ronflait à ras du sol jusqu'à l'instant où les quilles cognées s'abattaient. Toutes les voix éclataient alors, criant le nombre des quilles abattues. Les joueurs avaient des trognes rouges sur lesquelles les charmilles mettaient un reflet vert clair.

Midi tomba sur la soûlerie.

Des grillements de beurre à la poêle sifflèrent dans les maisons. On entendit remuer les vaisselles dans les bahuts, et dans le relent des fumiers chauffés par le soleil, passa une odeur grasse de soupe au lard. Le besoin de manger crispant les estomacs, les cabarets se vidèrent. Les hommes allèrent nourrir leur ivresse d'une tranche de bœuf; quelques-uns, après avoir mangé, se jetèrent pendant une heure sur des bottes de paille, au fond des hangars. Le soleil cuisait, du reste, allumant une réverbération aveuglante, à ras du pavé. Les toits de chaume, tapés à cru de ce jaune d'or de la lumière de midi, avaient des tons de poisson rissolant à la poêle. Des bouffées de chaudière sortaient des maçonneries surchauffées. Et, tout à coup, la gaîté un instant assoupie se réveilla. Cette fois, elle allait durer jusqu'à la nuit. Les cabarets se remplirent de tablées plus compactes alors. Un moutonnement de foule ondula aux abords des endroits où l'on buvait Les pompes à bière gloussèrent sans discontinuer. Et le houblon fut absorbé par baquets.

Le seuil des portes était occupé par les vieilles femmes, en cornettes propres. Elles étaient assises, leurs mains repliées sur les genoux, et regardaient passer la joie dans le chemin. Le plaisir d'être encore de ce monde, après tant de kermesses dont elles avaient eu leur part, mettait une détente sur leurs faces boucanées, éraflées d'une infinité de raies. Leurs rides souriaient. Et elles demeuraient là, réjouies, remplies du temps passé.

Le village, à présent, débordait dans la rue. Des bandes de filles, au nombre de six et de dix, passaient bras dessus bras dessous, occupant la largeur du pavé. Leurs robes bleues, vertes, blanches, à pois rouges et jonquille, faisaient dans la lumière comme des trous de couleur. Et elles s'avançaient, marchant lentement et se balançant sur leurs hanches. La pommade donnait à leurs chevelures des brillants de plaques de métal. Des collerettes montaient en tuyaux dans leurs cous bruns. Les niaises baissaient les yeux, étourdies de leur luxe de toilette, et les autres hardiment jetaient de leurs lèvres rouges des volées de sourires aux garçons qui se poussaient du coude sur leur passage.

Une grosse concupiscence s'allumait dans la foule. Celle-ci s'écoulait le long des maisons, d'un mouvement continu qui traînait sur le pavé, avec un frottement monotone, et un peu plus loin gagnait la campagne, enfilait les sentiers, se débandait derrière les haies. Des marchandes avaient installé des tables contre le mur de l'église. C'était une invitation qui arrêtait les hommes, les filles et les enfants, les retenait devant les étalages avec des regards de convoitise. Il y avait là, sur des nappes à carreaux rouges et blancs, des bocaux de pains aux amandes, de boules en sucre, de gimblettes et de macarons. Des paquets de saucissons pendaient, plaqués de rondelles de graisse Des pains d'épices s'amoncelaient, avec leurs croûtes luisantes. Et sur les assiettes séchaient des tartes à la confiture de pruneaux, saupoudrées de sucre et de poussière. On voyait, en outre, des cigares, des pipes, des poupées à tête de cire, des mirlitons, des trompettes en bois, et, dans un carton spécial, des boucles d'oreille, des broches, des anneaux, toute une joaillerie de pacotille, émaillée de pierres rouges, jaunes et vertes, auxquelles le soleil arrachait des flambées. En face des marchandes, de l'autre côté de la place, des êtres noirs, patibulaires, avaient installé des tirs. Une chandelle étant la cible, il fallait la souffler avec la chasse de vent que faisait le coup en partant.

Il y avait en cet endroit une oscillation de monde planté sur les deux jambes, bouche béante. Des hommes à la file attendaient le moment de tirer. L'amorce posée, on prenait les fusils, on épaulait, les pieds distants, les coudes relevés, puis la capsule éclatait. Ce pétardement sec, qui ne finissait pas, s'ajoutait aux appels rauques des marchandes. Et tout à coup un orgue de barbarie fit son apparition au milieu des groupes.

Le musicien tournait la manivelle, les yeux perdus devant lui, hébété par la route qu'il avait faite, et de temps en temps d'une secousse des épaules remontait la bricole qui lui labourait la nuque. L'orgue, étant sonore, s'entendait de loin. Des ribambelles arrivaient en courant pour être plus près de la musique, et celle-ci grinçait avec des fioritures de flûtes piaulant sur une basse de tambourin roulant constamment.

La gaîté à présent s'augmentait de tout ce qui était bruit, lumière, spectacle, prétexte à crier et à rire. Des rondes s'épanchaient sur la place, déhanchées, les bras dessinant des oves au-dessus de la tête des danseuses. Cela cessait, recommençait ailleurs, avec des entraînements irrésistibles, en attendant que le bal ouvrît ses portes à l'estaminet du Soleil. Et une sueur montait de cette vaste flânerie sous un soleil brûlant.

Les dos bouillaient; les chemises collaient à la peau; l'eau, par filets, ruisselait le long des tempes. On voyait les femmes cambrer leurs reins pour décoller de la chair leurs robes mouillées.

À trois heures, une poussée se produisit du côté du Soleil. On montait deux marches. Elles étaient assaillies d'un flot qui se tassait, se poussait, au milieu des indignations des filles froissées et des éclats de rire des garçons bourrant à coups de poing les rangs devant eux. Le flot se brisait dans la salle, allait s'abattre sur les bancs qui garnissaient les quatre murs, ou bien incontinent se mettait à tournoyer avec un élan effréné.

Deux clarinettes, un fifre et un tambour étaient installés dans la cage des musiciens, en surplomb sur la salle, et le fifre, d'un mouvement continu de la tête, battait la mesure, dirigeait son orchestre. La gaîté éparse à travers le village sembla alors se concentrer dans cette large salle du Soleil, qui tremblait, secouée par l'immense trépignement de tous les couples lancés à travers une danse endiablée.

XII

Germaine, pendant ce temps, gagnait le village à petits pas de promenade. La fille du fermier des Oseraies, Célina Malouin, était allée la prendre avec sa mère, après le repas de midi, et elles avaient résolu de faire la route à pied.

Elles marchaient avec des douceurs de flânerie, toutes trois sur le même rang ou à la file, selon la largeur des chemins. Et, quelquefois, Célina et Germaine prenaient les devants, se disant des choses à demi-voix.

Célina avait vingt ans. Elle était petite, sans tournure, les yeux glauques, presque laide; mais l'âge la rendant amoureuse, elle ne songeait qu'à se marier, rêvant sans cesse au mari qui ne se présentait pas. Un Malouin de leur parenté était droguiste à la ville. Il avait une clientèle, il était garçon. C'était un bel homme. Trente ans environ. Il était venu à la ferme il y avait deux mois. Elle prétendait qu'il l'avait regardée d'un œil très attendri, et même il lui avait pincé la taille en l'appelant par son petit nom, un soir, dans la nuit du vestibule.

Elle vivait de cette possession incertaine depuis deux mois. Son cœur était remué d'une espérance douce qui la berçait et l'irritait. Elle reconnaissait pourtant que le cousin tardait un peu à reparaître. Et tremblante, elle demanda à Germaine si elle ne lui voyait pas un moyen de hâter cette arrivée

Germaine l'écoutait avec un peu de dédain pour sa niaiserie de campagnarde éprise, et de temps en temps, interrogée, lui répondait un mot, puis la laissait dire, finissant par ne plus être touchée que de l'amour qu'il y avait au fond de ses mots. Une langueur la faisait défaillir à de certaines conjectures. Elle avait beau vouloir les rejeter, elles s'obstinaient à remplir son cerveau. Elle sentait par moments comme un brûlement dans la gorge, comme une boule de feu qui montait et descendait, et d'autres fois un flot bouillant qui l'amollissait et la parcourait des pieds à la tête. Cachaprès apparaissait au bout de ces crises, avec ses tentations d'homme fort et résolu, et tandis que Célina lui parlait de son cousin, l'idée qu'elle n'avait qu'à s'abandonner pour goûter enfin la plénitude du bonheur, la gagnait, l'envahissait. Les sourcils tendus, ses yeux vagues errant dans les feuillées, elle songeait à ce garçon étrange, à sa beauté rude, à la douceur de ses paroles. — L'aimait-il après tout?

Elles avaient pris à travers bois un sentier qui raccourcissait la distance. Une mousse tapissait le pied des arbres d'un velours lustré. À droite et à gauche, des taillis formaient un rideau de verdure qui pâlissait dans la profondeur, petit à petit prenait une transparence d'eau. Et au-dessus de leurs têtes, les branches, en se joignant, étendaient une voussure légère entre les trous de laquelle s'égouttait le soleil. Une fraîcheur montait du sol humide.

Quelquefois, les taillis se rapprochaient au point qu'ils semblaient fermer le sentier. Alors, il fallait écarter les branches, et Germaine sentait une douceur à être caressée par le frôlement des feuillages. Cela mettait un apaisement dans son sang et en même temps chatouillait sa chair au hasard, comme un attouchement. Un gazouillis d'oiseau remplissait les hautes ramures. Des battements d'ailes frissonnaient dans l'ombre. Et cette tendresse des nids en amour s'ajoutait à l'immense allégresse de la terre bourdonnant dans la splendeur d'une après-midi de printemps. Une lasciveté traînait dans l'air; des végétations s'échappaient des odeurs âcres de sèves fermentées; un désir de s'étreindre rapprochait les branches, et saisies toutes les deux alors d'un frémissement de tout leur être, demi-suffoquées, Célina et Germaine se taisaient. On entendait parfois la voix de la fermière, distancée, qui leur criait de l'attendre. Elles ralentissaient un peu le pas, sans répondre.

Le sentier débouchait dans les champs. Là, elles ouvrirent leurs parasols, et cette tache brune des alpagas se balançait par dessus les blés déjà hauts, dans la magnificence bleue de l'air. Un souffle léger chassait la poussière à ras du sol, par nuées, qui allaient mourir dans les champs de froment. Elles ouvraient alors la bouche, aspirant cette douceur, ou détendaient un peu les bras.

La plaine brûlait comme une fournaise, et cette chaleur brusque avait empourpré leurs joues d'une large rougeur. Elles s'avançaient l'une après l'autre, un peu lasses, ayant dans l'œil un aveuglement de lumière. Au loin, l'horizon pulvérulent avait des blancheurs de craie.

Germaine, à la mode des campagnes, portait une robe de soie noire sur laquelle retombait un léger paletot également en soie. Elle avait relevé d'une main la traîne de sa robe. Un jupon blanc, raide d'empois, battait à chaque pas le talon de sa bottine. Tandis qu'elle marchait, le soleil lustrait son corsage, étroitement bridé aux rondeurs fermes de sa gorge. Un chapeau de paille, très garni de fleurs, la coiffait. Célina avait une robe de soie grise qui tranchait sur la toilette noire de la fille du fermier Hulotte.

Et tout d'une fois, la musique du bal leur arriva, avec le bourdonnement assoupi des voix. Alors une gaîté les prit. Elles allongèrent le pas, et au bout d'un petit temps se trouvèrent sur la place, mêlées à la foule.

Des connaissances les appelaient par leurs petits noms. Elles étaient très entourées. Des fils de fermiers leur demandaient des danses « pour tout-à-l'heure ». Et elles passaient au milieu des groupes, riant d'être poursuivies dès leur arrivée.

Le fermier Champigny, debout devant sa porte, les vit venir de loin. Il alla à elles et les obligea à entrer à la ferme.

— Une petite tarte avec un verre de quelque chose, ça n'est pas de refus, disait-il en les poussant devant lui.

Au même moment, arrivèrent la fermière et leur fille Zoé. Elles avaient fait un tour de bal et elles rentraient prendre leur café.

— Tout de même! n'faut pas se laisser tomber, disait la mère Champigny, grosse petite femme rieuse. On a besoin de jambes donc, pour danser. Est-il pas vrai, Germaine et Célina!

Elle les complimentait, les trouvait superbes toutes deux, les regardait avec admiration, la tête sur le côté, en battant ses mains l'une dans l'autre, puis parlait de sa Zoé qui allait avoir dix-neuf ans, un bel âge. Et Zoé, ayant entraîné un peu Célina et Germaine, leur raconta qu'elle avait dansé deux fois avec le fils des Mortier, vous savez bien, le fermier du Grand-Champ, à deux lieues de là. Il était étudiant en médecine, mais il était revenu pour les vacances. Et ils avaient bien ri, à un moment, quand la foule, qui était grande au bal, les avait collés l'un contre l'autre sans pouvoir bouger.

Puis on entra dans la chambre du rez-de-chaussée, qui était la chambre où les Champigny recevaient leur monde. Il y avait une belle toile cirée sur la table, et sur la toile une énorme tarte au riz, avec une belle croûte couleur safran. La fermière plongea son couteau dans la tarte, en fit des quartiers, et chacun tira le morceau qui lui convenait le mieux. Une grosse fille de ferme entra alors, en disant: « Bonjour, tout le monde, » la face largement fendue d'un rire, et mit sur la table une cafetière du bec de laquelle s'échappait une fumée brune, exhalant une odeur de chicorée.

— Encore une tasse! Encore un morceau de tarte! répétait à tout bout de champ la fermière.

— Non, merci. Ça ne se peut pas. Je suis toute enflée déjà, disait la femme du fermier Malouin.

— Si fait! Tout de même.

— Alors une petite tasse, pour vous faire honneur. C'est ça. Merci.

Et elle continuait auprès de Célina et de Germaine.

— C'est-y qu'elle est mauvaise, la tarte, que vous n'en mangiez point? Hé! fermier, astique donc les demoiselles! Ah! si c'étions pas de vieilles gens comme nous, mais d'beaux gâs!

— Pour ça, oui, disait Célina en riant.

— Allez! allez! c'est l'âge! Et Zoé qu'en dira autant bientôt! Elle sera comme toutes les filles! Voyons! Une petite tasse! une seule!

Les assiettes se tendaient alors et des nouveaux quartiers de tarte épaississaient l'estomac. Puis on parla des veaux, des porcs, de la récolte. L'odeur des fumiers entrait par les fenêtres ouvertes, avec le beuglement des vaches dans l'étable. Et dehors, le village en liesse criait, battait l'air de vivats.

On sortit. Les Champigny les accompagnaient.

Le meunier Izard était malheureusement sur le pas de sa porte. Il fallut entrer chez lui comme on était entré chez les Champigny. Il était seul à la maison, mais ce n'était pas une raison; il allait envoyer le domestique prévenir ses filles, qui étaient chez les Ronflette.

Izard était veuf. Tout en parlant, il leur ouvrait les portes de son salon, tendu d'un papier de velours gaufré d'or. Une glace à moulures dorées était posée sur la cheminée. Des fauteuils en velours recouverts de housses blanches entouraient une table à pied tourné, recouverte d'une plaque de marbre. Un tapis étendait sur le parquet sa laine moëlleuse à rosaces rouges.

Le meunier les laissa seuls un instant, contemplant cette opulence, et l'instant d'après reparut, trois bouteilles de vin dans les bras.

Les femmes se récrièrent; elles avaient pris du café, des liqueurs; le vin leur tournerait l'estomac, pour sûr.

— Bon! Un petit verre de trop, ça ne fait rien en temps de kermesse, répondait Izard. Et puis, vous allez avoir de la compagnie. J'ai fait appeler mes neveux.

Il clignait de l'œil du côté des jeunes filles.

Trois bouteilles se vidèrent. Des assiettes garnies de bonbons passaient de main en main, constamment. On entendait le bruit sec des dents croquant les pâtes sèches. Champigny dégustait le vin, en faisant claquer sa langue contre son palais. Le meunier le regardait alors d'un air goguenard, secouant la tête et disant: Hein? hein? avec satisfaction.

Un bruit de pieds remplit le corridor et presqu'aussitôt la porte s'ouvrit. C'étaient les filles du meunier qui rentraient avec leurs cousins, ceux-ci aux nombre de trois. Deux d'entre eux étaient meuniers au moulin de leur père, et le troisième était commis de l'Enregistrement, à la ville.

On fit les présentations.

Germaine et Célina se levèrent, échangèrent des poignées de main avec les arrivants; et tout le monde se plaça autour de la table, sur des chaises en canne qu'il fallut aller prendre dans la chambre voisine. Izard sortait à tout bout de champ, rentrait avec des bouteilles sous le bras; les garçons de leur côté s'occupaient de faire boire les femmes, et les bouchons claquaient coup sur coup, tirés des goulots avec fracas.

Les trois neveux rentraient du bal, ils s'étaient amusés. Ils racontaient que la fille du marchand Herbeaux était tombée au milieu d'un quadrille, entraînant son cavalier; les autres danseurs avaient culbuté sur le couple échoué; cela avait fait un large tassement très comique. Ils donnaient à entendre qu'il s'était alors passé des choses, et ils souriaient sans rien préciser. Le commis, au contraire, dédaignait ces vulgaires gaîtés. À la ville, on avait mieux que des dondons. Les filles, d'ailleurs, ne savaient pas valser au village. Et il affectait des airs blasés, en homme qui a pris sa part de plaisirs plus délicats.

Germaine écoutait, distraite. Une impatience la gagnait. Ces longues lampées sur place l'étourdissaient; un feu rougissait ses pommettes.

Champigny donna le signal du départ.

— Y a de la jeunesse. Faut ben qu'elle s'amuse!

Et toute la bande alors se leva. Il ne resta à la maison que le vieux Izard, un peu souffrant d'un rhumatisme. Une animation régnait parmi les hommes, lis avaient la voix haute et le regard hardi, avec douceur. Le commis arquait sa personne sur le côté pour parler à Germaine. Et Célina, Zoé, les deux filles Izard, suivaient, riant, se moquant des paysannes en robes bleues et vertes, qui passaient, la tête chargée de « potagers en plein rapport ». C'était Irma, l'aînée des Izard, qui avait trouvé le mot. Elle avait été en pension à Givet, et elle en avait rapporté le goût de la moquerie.

XIII

Des cabarets s'échappait à présent un large courant d'ivresse. On entendait des bruits de querelles, avec des coups de poing sur les tables, et les chamailleries se mêlaient à des chansons psalmodiées par des langues épaisses. Dans les jardins, les boules frappaient les quilles avec fureur. Il y avait des paris désordonnés Des paysans qui n'avaient qu'un toit de chaume et crevaient de misère, pariaient cinq cents francs sur les jeux.

Une mangeaille immodérée accompagnait la soif de boire qui tenait les estomacs. Des femmes plongeaient leur visage dans de vastes quartiers de tartes au riz. Des enfants barbouillés de prunes, aiguisaient leurs dents sur de la pâtisserie sèche. Et les hommes, tenant à deux mains des saucisses de viande de cheval, en tiraillaient à la force des mâchoires la chair filamenteuse. Ailleurs, on se bourrait d'œufs durs, et les pains d'épices achevaient de prédisposer les gosiers à des buveries incessantes.

La bande arriva au Soleil.

Il fallut bousculer en entrant une file de monde qui sortait. Les garçons se mirent en avant, ouvrant un passage avec les coudes, et les filles, pressées l'une contre l'autre, poussèrent de tout leur corps.

Un large rayon de soleil filtrant obliquement par les fenêtres ouvertes, mettait sur la salle un poudroiement vermeil dans lequel tourbillonnait une nuée lourde. Cette clarté les aveuglant, ils ne virent rien d'abord, et ils demeuraient sur place, la main sur les yeux, cherchant à se reconnaître. Puis les yeux s'habituèrent. Ils nommèrent par leur nom les danseurs et les danseuses.

Les musiciens s'étaient mis en bras de chemise. Une des clarinettes, assommé par la chaleur, gonflait les joues sur son instrument en fermant les yeux et ballant à demi la tête. Le fifre continuait à marquer la mesure avec de petits hochements écourtés. Le tambour, qui était le plus vigoureux, roulait imperturbablement ses baguettes, les sourcils froncés. Et de la cage où tous les quatre se tenaient, partait une musique aigre et glapissante, à laquelle les roulements cuivrés du tambour ajoutaient un peu de gravité.

Les couples tournoyaient. Chaque fois qu'ils passaient dans le rayon de soleil, une lueur rose illuminait les visages, enveloppait les vestes et les robes dans une échappée brusque. Des sourires immobiles crevaient la face béate des filles. Les garçons, sérieux, les yeux baissés, semblaient se livrer à un devoir de profession. Quelques-uns demi-gris, cramponnés à leurs danseuses et les entourant de toute la largeur de leurs bras, mettaient leur gloire à sauter très haut en frappant fortement leurs pieds à terre.

Ceux-là bousculaient tout sur leur passage. Un cigare planté dans le coin de la bouche, ils traversaient le bal avec des ruades de poulain lâché, sans tenir compte de la mesure. Par moments, un danseur, furieux, les rembarrait d'un coup d'épaule. Une vapeur montait des habits et formait au-dessus du bal une buée, grossie des fumées de tabac. Des filets de sueur sillonnaient les visages.

Germaine sentit une main se couler sous son aisselle. Elle se retourna vivement et vit le commis qui lui souriait. Alors, sans se l'être demandé, ils se balancèrent, et, au bout d'un instant, se trouvèrent emportés dans la danse.

Ce fut comme une contagion. Zoé fut empoignée à bras-le-corps par un des meuniers, Célina par l'autre, puis des cavaliers se présentèrent aux demoiselles Izard, et toute la bande se mit à danser.

Le commis était un grand garçon maigre, desséché par la noce. Tandis que les deux frères traversaient la bousculade des danseurs, s'aidant de leurs coudes et de leurs larges dos, lui se laissait entraîner, ne savait pas résister à la poussée des couples; et tous deux alors étaient obligés de piétiner sur place, l'un en face de l'autre.

Cela finit par une déroute. Le commis, qui soufflait, à court d'haleine, avoua qu'il lui était impossible de continuer, et il reconduisit Germaine à sa place. Elle eut un haussement d'épaules, dédaignant d'instinct les êtres faibles.

En ce moment, du renfort envahit la salle. La Société des fanfares de l'endroit, son chef en tête, venait d'entrer. L'orchestre entama un air de valse. Il y eut un reflux général, comme d'un trop plein qui déborde, et Germaine se vit séparée du commis. Des visages rouges l'entouraient, crispés de larges rires. Et tout d'un coup, elle haussa les sourcils, prise d'un saisissement. Cachaprès était à deux pas d'elle.

D'un coup d'œil, elle le vit tout entier, dominant cette cohue de toute sa taille, et une comparaison se fit dans son esprit immédiatement. Il était bien plus fort qu'eux tous: cela était visible. Et plus grand. Et mieux bâti. Il n'avait qu'à remuer les coudes pour les écarter. Et il arriva à elle, le sourcil irrité. Il lui prit le bras.

— Germaine!

Elle le regarda.

Il frappa son cœur d'un coup de poing et une moiteur perla dans ses yeux.

— J'vivais plus, depuis ce matin, fit-il. À présent, j'vis, puisque t'es là.

Elle fut touchée du cri.

Il avait mis sa fameuse veste, celle dont il lui avait parlé; elle était de velours brun, à côtes. Le gilet et le pantalon étaient d'étoffe pareille. Et un col de chemise très blanc retombait sur un nœud de cravate vert, éclatant. Son torse carré se dessinait sous l'étoffe avec puissance, faisant bomber les pectoraux. Et comme les gens habitués aux besognes corporelles, il portait son costume avec une aisance incomparable.

Germaine fut reprise de la pensée que les autres hommes étaient bien étriqués comparés à lui, et machinalement elle regarda devant elle les dos bombés, les ventres débridés, le flottement des habits sur les épaules en biseau. Un chapeau de feutre mou, posé en travers sur ses cheveux noirs, lui donnait une crânerie martiale.

La cohue, tassée, incapable d'avancer, sautait sur place. Des têtes vacillaient, on ne voyait que des bouts d'épaules remuant, et un énorme battement de pieds faisait trembler le plancher.

— À nous deux! dit-il.

D'un geste rapide, il lui prit la main, mit la sienne sur sa taille, et l'entraîna. Elle n'eut pas même l'idée de résister. Le large courant de sa force l'emportait, et subitement un vide se fit autour d'eux. Cachaprès tournait, cambré sur ses reins, comme pour une rixe. Ses pieds s'attachaient au sol de toute la fermeté de ses inébranlables jarrets. Il élargissait les coudes et carrait ses épaules. Ce fut une trouée.

La foule, repliée, oscillait, faisait des efforts pour s'écarter. Des cris partaient. Hé! Attention, Hubert! Hé! Cachaprès, pas de bêtises! Il n'écoutait rien, avançait droit devant lui, la couvrant de son corps, luttant de ses reins, de ses épaules, de son dos. Des protestations s'élevèrent. Un homme lâcha un mot vif. Cachaprès lui lança un regard froid et lui répondit:

— Toi, j'te repincerai t'à l'heure.

Le passage ouvert, d'autres couples se mirent en branle derrière eux. La circulation se refaisait. Il y eut une détente dans cette immobilité de toute une foule, et Germaine, balancée contre la poitrine de son danseur, avait un vertige doux. Un moment il cessa de tourner, et ils demeurèrent isolés au milieu de la foule. Elle sentait ses genoux contre les siens; sa main froissait son dos. Et il la regardait avec un large sourire heureux, en lui chuchotant des mots caressants:

— Germaine, disait-il, t'faut-y que j'les ramasse par dix, vingt, cinquante? Veux-tu que j'me batte contre eux tous? Dis, que t'faut-y?

Elle pensait alors à son premier danseur, le neveu de Izard, et elle admirait la force tranquille du braconnier. Ils repartirent.

La musique aigre la berçait entre ses bras, voluptueusement, et le brouhaha, les fumées, l'odeur humaine répandue dans l'air la grisant petit à petit, elle se sentait par moments défaillir. Une ébriété sale fermentait, du reste, dans cette salle où les chairs poissées se tassaient. Des rires récompensaient la hardiesse des hommes dépoitraillant les femmes. La pudeur de Germaine se défaisait au milieu de cette paillardise générale.

Quand la danse fut finie, il voulut l'entraîner.

— Nous boirons un coup.

Mais elle était avec des amies. Elle n'osait pas. Et puis, qu'est-ce qu'on dirait? Et il répondait:

— Des idées! Viens!

Elle céda. Une polka venait de commencer. Célina, Zoé et les filles du meunier dansaient. Personne n'était plus là pour la surveiller.

Il fit déboucher une bouteille de Champagne. Comme elle le regardait étonnée, il frappa sur la poche de son gilet:

— Pas peur!

Et il commanda trois bouteilles d'un coup pour les camarades. Cela fit sensation. Des mains se tendaient vers les coupes, et des cris, des bravos se croisèrent.

— Vive Hubert! À toi, Hubert! T'as donc vendu le bon Dieu et ses créatures? Vivat!

Ils étaient debout l'un contre l'autre, près de la porte, celle-ci les masquant à moitié. Elle agitait son verre, et de temps en temps y mettait les lèvres, à petites fois. Lui, tenait la bouteille posée sur sa cuisse.

— Moi, j'boirais comme ça pendant six heures. Y en a pas qui boivent comme moi.

En désignant d'un mouvement de tête les autres buveurs, il ajouta, en haussant les épaules avec mépris:

— C'est pas des hommes!

Il se versa une rasade et continua:

— J'tai vue t'à l'heure. Tu dansais avec le neveu à Izard. Une fois, ça n'est rien, que je m'suis dit. Mais si elle danse deux fois, j'lui donne un mauvais coup, au neveu à Izard. Germaine, j'suis jaloux.

Elle se mit à rire.

— De quoi?

— Tu l'sais ben, de quoi. De toi, d'abord.

Elle remuait les épaules, secouait de petites tapes de son mouchoir sa robe grise de poussière, et répondait, un peu ironique:

— Eh bien, moi, non. J'suis pas jalouse.

Il se balança alors devant elle, souriant et lui disant:

— Si tu voulais, nous serions une bonne paire d'amis, tout de même.

Elle l'écoutait sans rien dire, les sourcils écarqués, gagnée par des songeries mauvaises. Et il répéta sa phrase, d'une voix sourde, très caressante:

— Nous serions une bonne paire d'amis, si tu voulais.

Elle fit un effort.

— Rentrons, dit-elle.

Le Champagne qu'elle avait bu dissolvait ses idées. Elle voulut trouver un appui auprès de ses amies, mais elle les vit de loin, mêlées à un quadrille. Alors, comme elle faisait un mouvement d'impatience, il eut un mot brutal, terrible:

— C'est pas la peine. Faudra ben une fois que tu y passes.

Elle le regarda avec stupeur. C'était à elle que cela s'adressait, à elle, la fille du fermier Hulotte!

Et une révolte gronda dans son sang; puis, le voyant auprès d'elle souriant, paisible, avec son humilité de colosse, comme s'il n'avait rien dit, elle oublia le mot, n'en garda qu'une sensation vague de domination. Elle se sentait aller à cet homme. Et elle se mit à rire en pensant à son assurance si peu déguisée.

Ils dansèrent.

Le soir était tombé. Un soir bleu, criblé d'un fourmillement d'étoiles avec un vent tiède qui soufflait par bouffées. Des quinquets avaient été accrochés aux murs de la salle. Leur lumière coupait l'obscurité de larges rayures rouges, laissant traîner l'ombre sous le plafond. Et le bal continuait là-dedans ses entrechats, avec ses assourdissantes retombées de pieds, qui faisaient monter la poussière en nuages. Des éclaboussures de clartés tombaient sur les couples qui passaient dans le rayon des quinquets, puis le noir reprenait, et des baisers surpris craquaient, mêlés au brouhaha des voix.

La salle étant trop petite, une partie du bal s'était déversée dans la rue, devant la porte de l'auberge, et là battait la nuit d'une bourrée qui ne décessait pas. Par moments, un des danseurs, assommé par la bière, tombait.

On le remisait sur le rebord de la route. Et la danseuse continuait avec un autre la danse interrompue. Une fin d'ivresse lourde s'abattait à présent sur le village. Des hoquets partaient des tablées.

Derrière l'auberge, des champs montaient en pente douce, coupés de haies, avec des bouquets d'arbres qui dentelaient en noir le bleu sombre du ciel. La chaleur du bal suffoquant Germaine, Cachaprès l'entraîna dans cette grande paix fraîche de la nuit. Il lui prit la main et leurs épaules se touchant, ils s'avancèrent sous l'ombre des feuillages. Des lilas jetaient leurs senteurs fortes dans la vague odeur des terrains suant la rosée. Et l'aubépine trouait de ses masses blanches le chemin, secouant devant eux ses parfums qui achevaient de les griser.

Ils montèrent le long des champs. Elle s'abandonnait à présent: il avait roulé son bras autour de sa taille, et par moments la pressait contre lui d'une large étreinte. Une mollesse la rendait faible contre ses hardiesses et elle s'appuyait à lui, mettait contre son flanc la rondeur de sa gorge frémissante. Elle n'avait plus ni conscience ni pensée. Les yeux noyés, elle marchait dans les blancheurs de la lune, confuses comme l'atmosphère des songes, regardant sans les voir les silhouettes des arbres confondues dans une buée; et le frisson de la terre amoureuse pénétrait au fond de ses veines, faisait couler en elle des sensualités.

D'en bas leur arrivait un bruit sourd de voix et de musique, très doux. Ils virent, au détour d'une haie, la tache blanche de deux visages posés l'un contre l'autre, et Cachaprès se mit à rire. Alors une pensée occupa Germaine: sa mère. En un instant, elle revit ses calmes années d'enfance, le temps passé à ignorer l'homme, la paix profonde de son cœur. Et tout cela allait aboutir à cette chose, être aimée par ce vagabond comme une bête, dans les campagnes pleines de nuit!

Il fit un mouvement et colla sur sa bouche ses lèvres chaudes. Le fer rouge ne l'eût pas brûlée davantage. Elle ferma les yeux, demeura un instant à savourer cette blessure faite à sa chair, et tout à coup, se détachant de lui, brusque, redressée, hautaine, elle poussa un cri et se mit à courir droit devant elle sur le chemin en pente.

Ce fut une chasse dans la nuit. Il l'atteignit, manqua la renverser. Elle le supplia. Pas cette nuit. Demain. Elle se pendait à lui, cherchant à comprimer ses poignets dans ses mains, et ce groupe battait l'ombre avec une fureur de rixe. Des voix qui approchaient les tirent lâcher prise. Elle s'échappa.

On la cherchait partout. Il fallut inventer des prétextes. Elle dit qu'elle avait rencontré des connaissances. Elle cita des noms. Même on l'avait obligée à danser sur le chemin. Cela expliquait un peu le désordre de sa toilette. Du reste, à force d'être serrée dans les bras de leurs danseurs, Célina et Zoé étaient aussi mal arrangées qu'elle. Le feu de ses joues se confondit dans leur rougeur à toutes deux. Il y avait de l'homme dans leurs robes fripées comme dans sa robe lacérée, à elle.

XIV

Ce soir de kermesse fut une crise sérieuse dans la vie de Germaine. Elle en garda un souvenir profond. Le baiser de Cachaprès avait labouré sa chair déjà faible. Comme le soc mord la glèbe, elle l'avait senti entrer en elle, terrible et bon. Et le lendemain fut un jour de rêveries troublantes. Des paresses la prenaient au milieu des occupations de la ferme. Elle demeurait comme assoupie sous le souvenir engourdissant de ce qui s'était passé. Ses mains maniaient les choses distraitement,

À midi, les chevaux ramenèrent des champs une pleine charretée de trèfles. Les verdures bombaient par dessus les ridelles comme un gros ventre de bête, et des coquelicots les étoilaient de clartés rouges, éclatantes sur ce vert sombre. Les chevaux dételés, on laissa la charrette sous l'auvent de la porte, à l'entrée de la cour. L'ombre maintenait la fraîcheur en cet endroit, quand partout ailleurs le soleil rissolait. Et l'amas des trèfles, épanoui sur la lumière haute du dehors, eut alors, avec ses épaisseurs moelleuses, l'air d'un énorme lit préparé pour le sommeil.

Les écuelles avaient été posées sur la table de la cuisine. à côté des fourchettes et des cuillers en fer. Une odeur de soupe à la graisse de porc traînait dans la maison. C'était l'heure du repas.

Il se fit sur les dalles bleues un bruit de semelles traînant et de sabots claquant, qui se dirigea vers la grande table creusée par les écurements. Les domestiques et les filles rentraient de la campagne. L'un à côté de l'autre, ils se placèrent sur les escabeaux en bois disposés le long de la table, et se mirent à manger Un large appétit donnait de l'activité aux fourchettes, qui cliquetaient incessamment contre le fond des assiettes. Et par moments, des lampées gloussaient dans les gosiers, tandis que les têtes se renversaient, les yeux demi-clos, avec béatitude. Le cuir des peaux, gercé, avec des roséoles aux pommettes, luisait, ayant gardé le feu du soleil. Des poitrines d'hommes, velues et nues sous la chemise entr'ouverte, s'échappait une sueur fauve; et l'on voyait sous les chaises les jambes rouges des femmes, pareilles à de la viande fraîchement tuée. Le reflet vert des arbres entrait par les fenêtres ouvertes, s'allongeait sur les murs blanchis à la chaux. Et tout ce monde faisait entendre un grand bruit de mâchoires se détendant dans cette repue. Puis, le broiement parut languir, une somnolence engourdit la tablée, et les mangeurs, l'un après l'autre, gagnèrent à pas lourds l'ombre des haies et des greniers pour y dormir.

Germaine était une rude travailleuse. Ordinairement, le repas achevé, elle aidait une des filles à laver la vaisselle, et les assiettes rentraient au bahut, luisantes et blanches, bien avant le réveil des domestiques. Mais, ce jour-là, prise d'une torpeur, elle bâilla, étendit les bras, songea à la douceur de s'étendre comme les autres.

Justement, la charrette des trèfles arrondissait sous le porche sa large litière. Elle posa le pied sur la roue, et d'un bond s'enlevant, alla rouler dans les verdures, au milieu desquelles son corps s'enfonça.

Un silence s'était appesanti sur la ferme; la vie semblait avoir expiré dans la cour et dans les corridors. Les toits, calcinés par le soleil, ardaient, envoyant une réverbération dans l'air. Des pailles amoncelées dans les greniers sortait une chaleur sèche, qui se mêlait à la torréfaction des murs. La fraîcheur d'une motte de fourrages jetée centre le seuil de l'étable s'évaporait en buée grise. Germaine ferma les yeux, essayant de dormir. Couchée à plat sur le dos, elle éprouvait une volupté à sentir sur sa chair le froid des trèfles. Ses mains tapotaient leur rondeur soyeuse. Elle avait défait son corsage, et une petite brise soufflait sur sa peau avec des chatouilles. Cela lui rappelait le frôlement de main de Cachaprès, quand à un certain moment il avait glissé, pour rire, le doigt entre son poignet et sa manchette. Et elle repensa à ce baiser brutal qu'il lui avait imprimé sur les lèvres.

Elle était bête, après tout, de tant faire de manières. Est-ce que des femmes qu'elle connaissait n'avaient pas eu des liaisons? Elle n'était plus d'âge à demeurer fille, du reste, et puisque les épouseurs ne se présentaient pas, elle prendrait un amant. Autant celui-là qu'un autre.

Il y eut alors une lutte au fond de cette conscience troublée. C'était mal de se laisser aller à de semblables idées. Elle aurait dû les étouffer dès le premier moment. Qui était ce Cachaprès? Un bandit, quelqu'un qu'on n'avouait pas. Et un regret vague qu'il ne fût pas autre chose que ce qu'il était, s'empara d'elle: un fils de fermier, par exemple, même un garde. Elle l'aurait aimé à son aise; puis le mariage s'en serait suivi, peut-être.

Le mariage! Elle s'en moquait pas mal. Elle ne voulait épouser qu'un homme de son choix, un être fort comme lui, par exemple. Elle avait la haine de ce qui n'était pas robuste, vaillant, hardi, bien planté sur ses pieds. Robuste, elle l'était elle-même. Et elle repensait à ce neveu de Isard, à ce commis de bureau qui n'avait pas même eu la force de la faire danser au bal. Tandis que lui! Elle fut ramenée alors à se rappeler cette poussée en avant à travers les danses immobilisées. Elle le revit, l'enlevant dans ses bras comme une plume, bousculant toute une salle. C'était un homme, celui-là. Et elle entendait sa voix lui demandant sourdement: « T'faut-y que je les abatte tous? » Elle aurait dû répondre oui. C'eût été drôle.

Et cet homme l'aimait. Un homme n'est pas aussi enragé après une fille quand il n'aime pas. Il avait des mots tendres que les amoureux ont seuls. Et elle se répétait à elle-même, en souriant, ceux qu'elle avait retenus. Au fait, pourquoi ne l'aurait-il pas aimée? Il aimait à sa manière, avec violence et douceur. C'était comme cela qu'elle-même comprenait l'amour. Les bêtes, ça n'aime pas autrement.

Puis, il y avait peut-être moyen de l'avoir pour amant, sans qu'on n'y vît rien. Il fallait des précautions, seulement. Elle n'en serait pas plus damnée, parce qu'elle se serait un peu amusée, étant encore fille. Plus tard, il ne serait plus temps. L'âge vient; on ne peut plus aimer; on n'en a plus le goût. Ou bien on se marie et on n'a pas eu le plaisir des aventures.

Une lâcheté la rendait accommodante. Elle préparait le terrain à sa défaite. Elle se persuadait que pécher avec prudence n'était pas pécher. Et elle cherchait à justifier l'idée de la faute par des exemples pris dans l'animalité à laquelle, toute jeune, elle avait été mêlée. Est-ce que ce n'est pas dans le sang, l'amour?

La stupeur qui pesait sur les choses aidait à ce délabrement de ses pudeurs. Un accablement tombait du ciel bleu, poudroyant de soleil. Des mouches bourdonnaient, faisant à sa pensée un accompagnement assoupissant, et de l'ombre elle entendait monter un grand souffle doux, qui était le ronflement des vaches dans l'étable et le broutement régulier, continu, des chevaux à l'écurie. Elle distinguait dans les pailles, sous les hangars, des accroupissements de formes immobiles, qui étaient des dormeurs; un ronflement sortait de leurs bouches béantes, se mêlait à la respiration lente des bœufs. Des colombes roucoulaient sur le rebord du pigeonnier. Et par hoquets retentissants, les coqs jetaient leur fanfare, qui avait l'air de rythmer toute cette rumeur silencieuse.

Au milieu de la cour gisaient les fumiers. C'était un bloc carré, brun, avec des épaisseurs de pourriture. Un tassement de matières en décomposition lui faisait une rondeur qui, par places, s'effondrait et ailleurs se haussait. On voyait dessous, dans un croupissement fétide, grouiller l'amas des détritus anciens. Cela baignait dans un jus noir, compacte comme la glu, où des larves vaguement remuaient. Puis apparaissaient des amoncellements de litières plus récentes et, par dessus celles-là, des pailles fraîches, desquelles le suint s'était égoutté, s'étalaient, rutilantes, avec des flammes d'or neuf. Cette énorme putréfaction s'étalait, avec des aises heureuses. Une fermentation extraordinaire faisait bouillonner dans les profondeurs une animalité sourde. Des embryons, par myriades, éclosaient. Et un bruissement inexprimable annonçait la circulation de la vie sous l'agglomération des choses. Comme les jardins et les champs, le fumier avait son heure d'amour. Une création monstrueuse s'engendrait de ses tendresses.

Le soleil mettait son ébullition sur ce fourmillement. La masse des fumiers, grasse, fumante, laissait aller comme une sueur. Et des exhalaisons chaudes s'échappaient de là, par bouffées constantes. En même temps, des odeurs montaient. Ces dégorgements de ventre changés en fumier dégageaient une pestilence forte qui sentait le marécage et l'étable. Les bouses de vache mettaient dans l'air des traînées de musc. Des ferments signalaient les litières de cheval, et une puanteur âcre trahissait les pissées de porcs. Cela formait un large courant de senteurs irritantes et lourdes qui grisait Germaine.

Un besoin de tendresse la faisait défaillir. Et à cette heure elle pensait moins à lui qu'à l'amour, à la connaissance de l'homme, à l'assouvissement de la nature. La femme, c'est fait pour aimer, pour enfanter, pour nourrir des petits. Toute cette joie lui avait été refusée. Elle s'était enfermée dans le dédain jusqu'alors. Aucun homme n'avait trouvé grâce à ses yeux. À présent, elle portait la peine de cette dureté de cœur. Et se sentant effroyablement seule, dans cette gaîté de la campagne amoureuse, elle eut une douleur sombre, sans larmes.

XV

Germaine, fit une voix près de la charrette.

Elle se dressa sur son coude.

— Toi? ici?

Il y avait de la joie au fond de son étonnement. Elle lui était reconnaissante de venir au moment où elle succombait sous la pensée de son isolement. Il hocha la tête affirmativement, un sourire sur la bouche, et tous deux demeurèrent un instant à s'observer. Il parla le premier:

— D'abord, j'suis venu pour venir. J'avais des choses à t'dire. Je n'sais plus quoi. Puis ça me tenait de t'avoir fait de la peine hier soir. Moi, j'dis ce que je pense. J'étais bu, faut croire. On a des jours comme ça. Enfin, faudrait pas que tu te tourmentes, je suis guéri, je n'recommencerai plus.

Il lui parlait avec humilité. Une sorte d'aplatissement volontaire était sur sa mine rusée. Il allongeait le cou, effaçait les épaules, semblait vouloir se diminuer devant elle, pour lui faire oublier la violence de la veille. Un repentir traînait dans ses yeux. Et il continuait à l'envelopper de son sourire patelin, avec un air d'homme embarrassé.

— C'est vrai, tout d'même, fit Germaine, que t'as été un peu loin.

Elle avait plongé les mains dans une touffe de trèfles et la tiraillait machinalement.

— Germaine, dit-il.

— Quoi?

— Dis-moi que c'est fini. Non, vrai, j'suis pas méchant. Tiens, si tu veux, j'viendrai plus. Tout sera fini. Tu s'ras la fille à Hulotte et moi j'serai

Hubert le braconnier comme dans l'temps. On s'regardera de loin. On s'dira bonjour, puis plus rien. Mais faudrait pas qu'tu m'gardes rancune. Germaine, descends-moi ta main pour dire que c'est fini.

Elle allongea la main. Il la prit et la garda dans les siennes.

Elle le trouva bon garçon.

— Alors, c'est dit que tu ne recommenceras plus? fit-elle.

— Pour sûr.

— Il mit de la conviction dans sa voix, évitant de paraître avoir une arrière-pensée. Puis ils se turent et tous deux se regardèrent avec un long sourire.

Il avait la peau tirée, les yeux battus. Elle lui demanda pourquoi. Alors il lui raconta qu'il avait passé la nuit dans le bois, à pleurer. Et il agitait très vivement ses paupières, pour les faire rougir.

— Menteur, dit-elle en remuant les épaules.

Mais il jura ses grands dieux que c'était vrai.

— À preuve que j'ai gardé mes habits. Regarde.

Comme il élevait la voix, dans un élan de sincérité, elle mit un doigt sur sa bouche.

— Tais-toi.

— Que j'm'tais, quand j'm'entends dire que j'suis un menteur?

Il jouait l'indignation. Elle le laissait se défendre, heureuse de le croire, avec une satisfaction d'amour-propre qu'il eût passé la nuit à pleurer pour elle. Et tout à coup sa colère tomba, fit place à des douceurs dans l'œil et dans la voix,

— Descends une miette, dit-il. On causera derrière les pommiers, là-bas.

Il avait gardé sa main dans les siennes et lui donnait de petites secousses, comme pour attirer toute sa personne. Elle disait non, de la tête, mais il s'obstinait, réitéra sa demande. Alors elle lui déclina ses raisons. Le fermier s'éveillerait d'un moment à l'autre. Ses frères aussi. On n'aurait qu'à s'apercevoir de quelque chose. Ils ne pourraient plus se voir.

— J'te montrerai mes bricoles. Tu prendrais du plaisir, vrai, dit-il.

Et il raconta ses promenades dans la forêt, la nuit. Il y avait des fois qu'il était obligé de se battre avec les bêtes. Un jour, il avait pris un chevreuil vivant, à la course. Il entrait dans des détails, dépeignait le silence de la nuit, imitait le passage des fauves, était emporté par sa passion de chasseur.

Elle l'écoutait, les yeux fixés sur les siens. Le sang du garde Maucord se réveillait en elle. Toute jeune, dans les rares moments où son père parlait, elle avait entendu des choses semblables, mais dites autrement, avec la voix maussade d'un causeur qui n'aimait pas à s'expliquer. Ces souvenirs lui revenant, elle était prise du désir de rôder, elle aussi, dans la forêt. Le mystère des ruses la tentait. Et elle finit par dire qu'elle regrettait de n'être pas un homme, pour chasser ensemble, avoir à deux les sensations fortes de l'affût.

Cachaprès eut un sourire.

— Viens, dit-il, j'te montrerai ma fausse barbe. Des fois, j'mets un masque à cause des gardes. Faut avoir de la prudence. Puis j'me fais tout petit, comme ça, et je passe dans le taillis comme un lapin. Et des fois, faut voir, on s'met une peau de chevreuil sur l'dos: on a l'air d'une bête. C'est drôle.

La curiosité la tenait. Le garçon lui apparaissait sous un jour nouveau, avec des adresses subtiles qui le grandissaient et mettaient au-dessus de lui comme une surprise d'inconnu. Et cet homme terrible, qui avait tant de stratagèmes pour échapper aux gardes, était là, devant elle, avec son humilité d'homme amoureux!

— Vrai, dit elle, t'as une barbe?

Elle réfléchissait à présent. Si elle avait pu se faire libre, elle serait partie immédiatement..Mais il eût fallu des prétextes, et elle n'en trouvait pas.

Il y avait un moyen, peut-être.

Elle dirait à la ferme qu'elle allait faire visite à la Cougnole. Cette femme était vieille et vivait misérablement. La fermière l'avait aidée, de son vivant, et le fermier continuait à lui passer de petits secours. Elle habitait à une demi-heure environ de la ferme.

Elle se décida.

— Écoute, dit-elle très vite, je serai chez Cougnole dans deux heures. Tu m'attendras sur le chemin.

Un bâillement sortit d'une botte de paille, à quelques pas d'eux; et presque aussitôt des sabots cognèrent le pavé, dans la cour. La maison se réveillait.

Elle lui retira sa main et se laissa glisser à bas de la charrette.

— Dans deux heures, tope! fit Cachaprès en se coulant derrière une haie.

XVI

Il se mit à rôder dans la forêt. L'attente glissait à présent sous sa peau comme des picotements d'aiguilles. Il était secoué par cette idée qu'elle allait venir. Ils seraient seuls, cette fois. Et par moments il se couchait de son long à terre avec des impatiences terribles, bâillant et tordant ses poignets. Et d'autres fois, talonné par des rages, il se levait, marchait à grands pas, devant lui.

Toute la nuit dernière s'était passée à la désirer. Il était resté au village jusqu'à la ronde du garde champêtre, traînant dans les cabarets et s'étourdissant avec de la bière. Puis, les cabarets fermés, il avait gagné les champs.

La lune bleue mettait sa fraîcheur sur la campagne brûlée par la chaleur du jour; mais l'apaisement universel ne l'avait pas calmé. Il emportait avec lui la sensation de cette peau chaude de Germaine, touchée dans le petit sentier qui monte. Un peu de l'odeur de ses cheveux était resté à la manche de sa veste, et il s'en grisait à pleines narines jusqu'à en défaillir. C'était bien la peine de s'être moqué des filles jusqu'alors. Maintenant il était pris, bien pris, et il avait une colère de n'avoir pas su demeurer insensible à la belle fermière.

L'amour intraitable des bêtes lui brûlait le sang, comme une plaie répandue par tout le corps. Il gémissait, enfonçant ses ongles dans sa chair pour en étouffer les révoltes, et des cris rauques de douleur et de désir lui sortaient d'entre les dents. Germaine! Germaine! grondait-il. Ses bras battaient l'air, se tendaient dans la nuit, comme pour la saisir. Il frappait les arbres de son poing, gagné par une fureur de fièvre.

Ce jour-là, à pointe d'aube, il était entré dans la forêt. Le premier soleil avait éclairé ce visage livide, dans la pâleur des ombres décroissantes; son corps était à l'agonie; il le sentait se dérober sous lui. Alors il avait clamé, pareil à un faon. Des larmes chaudes avaient coulé sur ses joues. Et comme un petit vent frais passait, secouant le matin dans les arbres engourdis, il s'était laissé tomber sur le ventre, et la tête dans l'herbe, avait mordu la terre avec acharnement. Puis un amollissement l'avait rendu plus faible qu'un enfant. Il avait fermé les yeux. Autour de lui, le jour montait.

Il s'était réveillé, calmé. Des ruses avaient traversé son cerveau. Il s'était promis de se faire humble devant Germaine, pour la rassurer. Il montrerait du repentir de ce qui s'était passé. Il mettrait ses hardiesses sur le compte de la bière. Il aurait le sang-froid de l'attendre, de la guetter, à l'affût, comme on guette une proie, et il s'était mis à rire, voyant sa malice lui revenir.

Mais ses résolutions croulaient à présent qui l'avait revue. Toute sa convoitise l'avait repris. C'était donc vrai qu'elle allait venir, qu'elle lui avait donné rendez-vous? Il se répétait tout haut les mots qu'elle lui avait dits: « Tu m'attendras sur le chemin. » Et il l'attendait, allant et venant comme une femme en gésine. Une joie cruelle était sur son visage. Il avait l'air féroce et doux des chats près de lacérer la souris.

La Cougnole habitait une masure sur la route qui traversait le bois des Chêneaux. Six hectares de terre environ avaient été gagnés sur le bois, en cet endroit, par la culture. Une ferme les exploitait. Elle était occupée par le fermier Brichard, qui avait avec lui sa femme et ses deux garçons, et faisait un peu aussi le commerce de bois. Trois maisons de paysans, parmi lesquelles il y avait deux cabarets côte à côte, étaient situées plus loin. Puis venait la masure de la Cougnole, avec son toit de chaume en surplomb qui, à l'arrière, avait fléchi, lors d'un ouragan. Un très petit jardin s'étendait en carré, entre les haies sèches, au dos de la maison. Le bois continuait ensuite.

À tout instant, Cachaprès sortait des taillis, et planté au milieu de la route, regardait devant lui. Le pavé s'allongeait entre les files de grands arbres, dans une pleine solitude. Pas une tache noire ne signalait un passant, au loin. Et il lui semblait que les deux heures étaient écoulées depuis longtemps.

Il eut un moment d'inquiétude furieuse. Si elle allait ne pas venir! Si elle s'était moquée de lui! Il serra ses poings, le cœur crispé, et tout à coup eut un haut-le-corps: Germaine venait de déboucher sur le pavé. Il se rejeta dans le bois et se mit à courir à travers les taillis. Puis une réflexion lui vint, et sur le point de l'atteindre, il marcha très doucement, ses mains dans ses poches, en sifflant, d'un air bonasse.

Elle avait au bras un panier dans lequel se trouvait du pain, un quartier de jambon et des pommes de terre. Elle était très rouge. Elle lui expliqua qu'elle s'était pressée, puis s'interrompit, embarrassée, et de nouveau, avec un flux de paroles, continua à parler, lui raconta l'histoire de la Cougnole. Son mari était mort il y a deux ans. Il avait servi longtemps à la ferme. C'était un brave homme, un peu simple, et qui passait pour n'avoir pas grand'chose à dire chez lui. La Cougnole n'était pas une méchante créature, du reste. Mais elle avait fait tout de même des métiers drôles. Et elle souriait en le regardant du coin de l'œil. Il hochait la tête pour dire oui, machinalement, pensant à autre chose.

Elle reprit:

— Après tout, ce n'est pas not'affaire. Elle a fait ce qu'elle a fait. Ce n'est pas une raison pour la laisser sans rien, la pauv' femme. Et comme ça, quand elle n'a pas son mal, elle vient à la ferme, on lui donne, et quand elle a son mal, c'est facile à voir, elle vient pas, et alors, c'est moi qui viens.

Il ne répondit pas. Ce silence la troubla extraordinairement. Elle voulut parler encore, pour parler et n'avoir pas l'air de remarquer sa préoccupation, mais elle s'embrouillait dans ses paroles, et elle finit par répéter plusieurs fois la même chose. À savoir qu'il ne fallait pas dédaigner les vieilles gens.

Ils approchaient de la maison de Cougnole.

— Attends-moi ici, lui dit-elle. Le temps de vider mon panier.

Et elle allongea le pas, le laissant debout sur la route. Il la vit pousser la porte et pénétrer dans la maison. De l'endroit où il était, il distinguait dans l'enfoncement sombre de la chambre un grand corps de femme qui se remuait. Il lui parut même que cette femme lui faisait avec la main le signe d'approcher. Mais, comme il n'en était pas sûr, il mit la main sur ses yeux pour mieux voir.

La femme s'était campée au seuil, et nettement cette fois, d'un grand mouvement de bras, lui disait de venir.

— Tiens! tiens! se dit-il. C'est la Cougnole qui m'appelle! Elle m'veut du bien, p't-être.

Et se rappelant les différents métiers de la vieille, il eut vaguement la pensée qu'elle pourrait servir à leurs amours. Il répondit à l'appel en secouant son chapeau dans l'air. Et à petits pas, tranquillement, il arriva à la maison.

— C'est toi qu'es avec Germaine? dit-elle. Pourquoi n'entres-tu pas? C'est sa maison, donc, à elle et à tous ceux pour qui elle a de l'amitié.

Elle leur faisait des clins d'yeux, à tous deux, avec une longue échine sèche et plate, sous des vêtements rapiécés, très propres. Un châle de laine couvrait sa tête aux yeux vifs, qui louchaient. Elle avait la peau dure et jaune des femmes vivant dans les bois, et ses grands gestes brusques avaient l'air, à chaque mouvement, de la casser en deux.

Le visage du gars parut lui rappeler quelqu'un. Elle le regardait curieusement:

— J'tai vu. Sûr comme t'es là... Mais pour dire quant à où.

Elle cherchait dans sa mémoire.

Brusquement elle frappa ses cuisses du plat de la main et s'écria qu'elle le reconnaîtrait entre mille, qu'il était Cachaprès, qu'on le lui avait montré un jour dans un village, et elle citait l'enseigne d'un cabaret où elle se trouvait à boire avec des femmes quand il avait passé. Il se souvenait du cabaret. Oui, il avait de ces côtés un bon camarade. Et il souriait. La vieille finit par dire qu'elle n'avait jamais connu un garçon ni plus beau ni plus brave que lui, ajoutant:

— T'as là un fier homme, Germaine.

Le panier avait été posé sur la table. Germaine en tira le jambon, le pain et les pommes de terre. Et à chaque chose nouvelle, la vieille poussait des exclamations, claquait des mains, prenait des airs de bénisseuse.

— Béni bon Dieu! T'as pensé à tout, m'fille. Que la sainte vierge Marie te récompense dans ce monde et dans l'autre! La Cougnole ne mourra cor' pas de faim, cette fois. Fille de Dieu, j'irai à l'chapelle, avant qu'y soit soir, bien sûr, et je dirai une bonne prière aux saints du paradis pour ton salut. Elle n'a pas même oublié les canadas, vierge Marie! Elle s'a dit que la vieille manquait d'tout. Y a plus qu'une petite robe, là, une petite robe qu'on ne mettrait plus, qui nous ferait ben plaisir, à présent. Non, y a plus que ça. Puis j'attendrai mon jour, m'fille, en t'bénissant, comme une bonne et belle fille que t'es. Y a ben un peu de genève aussi qu'ça m'aurait fait une petite douceur. J'ai des fois comme qui dirait l'stomac qu'est tout escleffé. Ça m'aurait fait une douceur, donc. Béni bon Dieu, que je m'dis, qui est-ce qui penserait à m'la donner, cette petite douceur, si c'est pas Germaine! Mais elle peut pas tout savoir non plus, là, comme quoi qu'un peu d'argent, là, un petit peu, comme qui dirait là un très petit peu ferait bien du bien à une pauv' vieille femme comme moi.

Son sourire la suivait, avec une humilité basse, l'implorant en même temps que sa voix qui traînait, monotone et continue, comme une litanie. Germaine tira de sa poche une pièce blanche et la lui donna; et Cachaprès, de son côté, mit la main à sa poche, en tira de la monnaie qu'il jeta sur la table, disant:

— V'là pour l' « péquet », la vieille!

Alors, elle les combla de ses vœux tous deux, leur souhaitant de s'aimer toujours, puis elle croisa les mains et marmotta une prière, la tête sur le côté et les yeux au ciel, faisant aller ses lèvres par moments sans rien dire, et l'instant d'après, ayant l'air de tirer du fond de sa gorge des paroles ferventes, qui s'achevèrent à la fin dans un large signe de croix.

Cela fait, elle leur montra d'un clignotement de l'œil la chambre, les chaises, le lit.

— J'tirerai la porte quand vous viendrez. Moi, j'irai dans l'bois.

Une rougeur enflamma les joues de Germaine. Elle se dressa, méprisante et froide:

— Cougnole!

Cachaprès s'éjoyait au contraire devant cette possibilité de se rencontrer dans une masure écartée, où personne n'irait les chercher. Et l'air méprisant de Germaine se jetant à travers son idée, il eut un rire en dedans, mauvais.

Elle s'était dirigée vers la porte. Il la suivit.

La femme, du seuil, continuait à les bénir.

Ils marchèrent un instant sans se parler. Puis il l'arrêta:

— Germaine, dit-il.

— Quoi?

Elle ne s'était pas retournée.

— Regarde-moi.

Elle se retourna cette fois, et le vit montrant d'un hochement de tête la masure de la Cougnole, avec un sourire.

— Elle est folle, pour sûr.

Elle eut un plissement d'yeux étrange, alors, et la réflexion de la vieille lui revenant avec la drôlerie de son geste, elle fut prise d'un rire nerveux, interminable.

Il avait passé son bras autour de sa taille, et doucement l'attirait dans les taillis. Elle continuait à rire, répétant:

— Cette Cougnole!

Puis ses nerfs se calmant, elle pensa qu'après tout la vieille avait peut-être cédé à une bonté d'âme. On ne sait pas: les vieilles, c'est si singulier; ça a des idées!

Et elle reparla du temps où sa mère vivait, où la Cougnole venait à la ferme. On l'appelait quand une vache était sur le point de vêler. Elle connaissait les bêtes. Quelquefois elle soignait aussi les gens comme garde malade. Même elle avait aidé sa mère, pour son dernier garçon. Et cela la remettant sur le chemin du passé, elle se revit petite fille, esseulée dans la maison du garde Maucord; elle avait grandi au fond d'une ombre froide; elle n'avait pas été heureuse. Du reste, elle ne l'était pas davantage à présent. Des choses lui manquaient; elle aurait dû se marier jeune. Et elle cita le nom des prétendants qu'elle avait refusés.

— On est si bête!

Un attendrissement la gagnait. Il la serra contre lui, disant de bon cœur, dans une soudaineté d'émotion:

— Vrai? T'es pas heureuse!

Elle leva les yeux sur lui. Sa face résolue s'amollissait sous une douceur. Tous deux se regardèrent alors et il l'embrassa. Elle se laissa faire.

Le sentier filait dans un emmêlement de taillis. Il écartait les branches au fur et à mesure. Quand ils avaient passé, les branches se rejoignaient avec un bruit de soie froissée et quelquefois leur cinglaient le dos. Des brindilles s'accrochaient aux cheveux de Germaine. Par instants, un morceau de sa robe demeurait pris. Et ils avançaient dans la senteur des terres humides, ayant sur eux le verdissement pâle des feuillées. Entre les feuilles, des bouts de ciel faisaient des trous bleus, éclatants.

Comme en cet autre jour où Célina et elle avaient gagné à travers bois la kermesse, elle éprouvait un engourdissement vague de la pensée et du corps. La gaîté des choses agissait sur elle avec traîtrise. Mais surtout c'était le silence profond du bois qui l'impressionnait; cela mettait en elle comme une invitation à dormir, à s'abandonner, à vivre de la vie des arbres. Pour la première fois, elle trouvait la nature bonne et le bon Dieu grand: et elle sentit son cœur monter à ses lèvres dans un sourire.

Le sentier s'élargissait à son extrémité.

Une large ondée de soleil les enveloppa alors, faisant reluire leurs peaux brunes. Et comme une clairière était au bout du sentier, ils y entrèrent en se tenant par la main. Des bouleaux et des hêtres se dressaient là, faisant un petit cercle d'ombre mobile sur la clarté des terrains pelés.

Ils s'assirent sous un des hêtres, lui allongé près d'elle, sa tête dans ses poings et la regardant. Elle glissa la main dans ses cheveux.

— T'as les cheveux comme de la soie.

— La chair aussi, répondit-il.

Et mettant son bras à nu, il l'obligea à passer le doigt sur sa peau, très lisse. Il releva un peu plus haut sa manche, ensuite, et lui montrant ses énormes biceps, en fit rouler la rondeur formidable, comme des boulets. Puis entraîné, il parla de sa force. Une souche d'arbre garnie de sa terre gisait près d'eux. Il la fit mouvoir, d'un large coup de reins. Il parla aussi de son agilité, et par bravade, monta à un arbre, leste comme un écureuil. Il imitait des combats, expliquait comment il s'y prenait pour bousculer dix hommes à la fois, tapant des pieds, des mains et de la tête, et tout en se vantant, étalait devant elle son torse puissant, avec une satisfaction de colosse. Le soleil mêlait une splendeur à ses gestes immenses.

Elle l'admirait, subjuguée. Le sentiment de toute sa puissance la remplissait de nouveau. Et elle pensa que vraiment c'était bien là l'homme qu'il lui fallait.

Alors les arbres virent une sauvagerie. Il arriva sur elle, les bras ouverts, avide. Un hébétement flottait dans ses yeux, une dilatation de la bouche et des narines mettait comme une vague extase sur sa face. Elle le sentit venir plus encore qu'elle ne le vit et cria, demi-dressée. Mais déjà il l'étreignait dans son large embrassement.

Les bois faisaient sur eux une rumeur profonde et douce.

XVII

Le jour suivant fut douloureux pour Germaine. Cette volupté finie, elle se regardait avec la stupeur d'une personne dégrisée qui, pendant son ivresse, aurait commis une action noire. Et elle se demandait si c'était bien elle, la fille méprisante, qui s'était oubliée dans les bois. Elle se revoyait intacte, ignorante de l'homme, telle qu'elle avait été jusqu'alors. Et une minute avait suffi pour anéantir tout cela! Elle ressemblait à présent à toutes les filles qui se perdent. Elle avait un amant et elle répétait ce mot à satiété. Un amant! Elle, Germaine, avait un amant! Puis, à force de penser à la chose, elle finit par trouver au mot des tendresses, une soumission inexprimablement douce, qui la charma. Après tout, bien d'autres en avaient qui n'en étaient pas mortes.

Ce jour-là, un mercredi, était consacré, selon la coutume de chaque semaine, aux reprises de la lingerie. Une chambre servait spécialement à serrer le linge de la ferme. Deux placards en étaient encombrés, et le reste s'étalait par tas, sur des planches clouées contre le mur. Un amas de raccommodages emplissait la table. Sur une chaise posaient le carreau de travail, les étuis et les bobines de fil.

Elle demeurait là, les mains inoccupées, songeant à cette curiosité satisfaite, au bonheur, au silence du taillis.

Par moments, des chaleurs l'étouffaient. Elle se levait, comme suffoquée, prenait l'ouvrage et le laissait retomber. Un instant, elle pensa à fuir la ferme; ils iraient ensemble n'importe où, devant eux; rien ne les empêcherait plus d'être comme mari et femme. Ce n'était qu'une idée, qui se mêlait à toutes les autres, dans cette déroute de sa conscience. Et petit à petit alourdie, elle pencha sa tête sur sa gorge et s'endormit.

Une voix qui l'appelait la réveilla en sursaut. De l'autre côté de la fenêtre, le fermier Hulotte se tenait debout devant elle, dans la cour. Il avait poussé du poing la fenêtre mal close, et la regardait dormir, narquoisement, avec bonté.

— Paraît, Germaine, que t'as la kermesse dans les doigts! dit-il.

Un saisissement la prit; elle devint blanche. Et les sourcils tendus comme à l'aspect d'une chose extraordinaire, elle demeurait immobile, sans trouver une parole. Qu'est-ce qu'il avait dit? Elle ne savait pas. Un mot seul lui était demeuré: il avait parlé de la kermesse.

— Bah! fit Hulotte, ce que j'en dis c'est pour rire. On n'a pas toujours le cœur à la besogne.

Elle fit un effort, lui répondit une chose vague. Et il la laissa pour courir après le poulain, qui se gorgeait de paille dans la grange. Elle le suivit des yeux un peu rassérénée: il avait ri; il ne savait rien. Elle se trouva d'autant plus lâche de l'avoir trompé dans sa confiance paternelle.

La journée se passa dans ces défaillances. Un ciel gris s'apercevait à travers les arbres, noyait leur verdure dans des tons sourds d'une douceur triste; et une pluie fine tomba.

Les fumiers dorés s'embrumèrent alors d'une vapeur pâle. Une humidité monta des pavés. Lentement les bruits s'étouffèrent dans un demi-silence lourd, et elle continuait d'être obsédée par ses idées, sentant son cœur se gonfler des mélancolies de la pluie claquant à terre et coulant des gouttières avec un gloussement monotone. Les poules s'étaient tassées sous les charrettes, dans les hangars. Elle voyait les vaches pelotonnées se remuer avec des grands mouvements lents dans les fumiers bleus de l'étable. Par moments un chat traversait le pavé en trottant, les oreilles couchées, très vite. La pluie mettait ses rayures minces sur la cour demeurée vide, où personne ne passait plus.

Cette tranquillité lui rappela le silence de la veille, alors qu'elle s'était couchée sur la charrette aux trèfles; un engourdissement l'avait saisie sous le midi brûlant, et elle se revoyait languissante, préparée à l'amour par les complicités de l'air. Elle ouvrit la fenêtre, aspira longuement la fraîcheur de la pluie, pour oublier. C'était bon, cela, ah, oui! et elle fermait les yeux, se réfugiait dans des pensées calmantes. Peine inutile!

L'odeur des fumiers, pénétrant dans la chambre, lui remettait en mémoire les lâchetés de sa chair; et cette odeur était plus âpre encore sous cette pluie qui remuait les fermentations anciennes. Des vagues de senteurs montaient de l'énorme fosse, caressaient sa narine. Elle eut une colère et poussa la fenêtre, ne voulant plus se perdre au milieu de ces sensations.

À quoi bon, du reste? Elle ne le reverrait plus. Elle y était décidée. Cet homme aurait passé dans sa vie: voilà tout. Est-ce qu'il n'y a pas tous les jours des histoires de filles qui se paient un caprice? Elle avait voulu connaître l'amour; à présent qu'elle le connaissait, elle redeviendrait la Germaine d'autrefois. Elle était bien bête de tant se chagriner.

Puis elle se rappela les paroles de la Cougnole, et petit à petit ce souvenir l'obséda, au point de faire bouillir son sang. Il leur serait facile de se revoir; la vieille leur était acquise; on paierait sa discrétion. Et des idées de bonheurs interminables de nouveau hantèrent sa cervelle en proie aux curiosités de l'amour.

Le soir glissa le long des toits dans la cour. La pluie avait cessé. Des bouts de nuées violettes se défaisaient dans la pâleur du ciel; sur l'horizon clair, les bois mettaient leurs noires masses dormantes. Une gravité se répandit sur la campagne.

Un banc en pierre était accoté au mur, près d'une touffe de chèvrefeuilles, en dehors de la cour. De là, on voyait le bossèlement des champs à travers la plaine inégale. Germaine alla s'asseoir sur le banc. Le noir de la nuit l'enveloppa bientôt, demi-sommeillante, tranquillisée et comme bercée dans les ombres muettes. Elle aurait voulu s'endormir, sous le ciel, là, près de lui.

En ce moment, un gémissement lent s'éleva, grandit, plana au-dessus du sommeil des étables. Et un peu après, le gémissement se fit entendre de nouveau, infiniment douloureux, avec une tristesse presque humaine.

Cela déchira la nuit, et, sans savoir pourquoi, Germaine tressaillit. C'était une vache en train de vêler.

Les maux la faisaient meugler, tantôt debout, tantôt couchée, et les autres vaches la regardaient de leurs yeux ronds, le mufle tendu, inquiètes. La vachère était auprès d'elle et l'aidait, lui passant les mains sur le ventre de chaque côté et pressant le veau vers le bas, vigoureusement. Et les douleurs de la gésine grandissant, la bête geignait de moment en moment, la gorge sourde et râlante. Ses lamentations s'entendaient à présent de loin, et il y avait dans ces lamentations de la douleur et de l'épouvante. Elle aussi avait connu le puissant amour du taureau, et bouleversée, Germaine pensa à l'enfantement. Devant elle, la nature invulnérable dormait dans l'immobilité de la nuit. Une paix immense flottait sous le bleuissement de la lune. Et par larges bouffées, le chèvrefeuille l'enveloppait de ses odeurs.

XVIII

Ils se revirent.

Le mystère des rendez-vous ajoutait à la douceur d'être l'un près de l'autre. Ils s'attendaient dans les bois, au profond des fourrés, ayant des cachettes, comme des coupables. Et ils jouissaient délicieusement de s'aimer autrement que les autres, à la faveur de l'ombre et du silence. L'heure aussi avait des charmes pour eux. Ils évitaient la pleine clarté, le passage au plein midi qui aurait pu les trahir. Ils étaient bien plus seuls, au tomber du jour. La complicité du soir alors les défendait; ils se sentaient protégés par la barrière épaisse des bois noirs.

Elle avait inventé des prétextes pour se faire libre souvent; la fille du fermier des Oseraies, Célina, était une cause habituelle de sorties. Elle s'était prise pour cette Célina d'une grande ferveur d'amitié à laquelle ni Hulotte ni ses fils ne trouvaient à redire. Cela leur semblait naturel que les deux filles fussent amies, ayant toujours été bonnes camarades, avec cette familiarité que le voisinage met entre gens de même fortune. Puis, on ne sait pas, un des garçons pouvait faire son affaire de cette amitié qui avait l'air de si bien les unir. La demoiselle aux Malouin était un parti sérieux et le père était connu pour un brave homme. Un rapprochement entre les deux familles devait amener forcément de bons résultats. C'était là l'idée du fermier Hulotte, et il prenait des manières engageantes quand Célina arrivait à la ferme.

En réalité, Germaine ne voyait pas Célina aussi souvent qu'elle le disait. Le plus ordinairement, elle entrait chez les Malouin, comme on va en visite, et n'y restait que peu de temps. Des impatiences faisaient titiller ses doigts, quand la fermière insistait, l'obligeait à prendre de la bière ou du café. Elle s'asseyait alors, les paupières battantes, furieuse qu'on crût si bien à son amitié. Enfin, une raison se présentait de s'en aller, elle se levait. Quelle joie de se sentir libre!

Célina avait le cœur prompt à l'attendrissement. Vivant un peu loin des maisons, elle fut touchée de cette passion soudaine de Germaine pour elle. Le besoin d'aimer quelqu'un s'imposait à sa nature tendre. Et Germaine fut comme un prétexte à laisser déborder le trop plein de sa chaude jeunesse. Une fois, comme elles se promenaient sous les aubépines, son émotion la grisa au point qu'elle lui prit la main, toute en larmes, et lui avoua que de longtemps elle n'avait été aussi heureuse. Le beau droguiste était demeuré dans sa pensée; elle en parlait avec l'abondance des espoirs déçus.

Germaine n'était pas gagnée par cet abandon. Au contraire, elle lui en voulait d'être si sotte dans son affection et de ne pas voir qu'après tout ce n'était pas pour l'entendre roucouler ses chansons qu'elle, Germaine, venait aux Oseraies. Elle avait la cruauté des amants heureux. Une chose unique l'emplissait, ses rendez-vous avec Cachaprès; le reste de la terre n'existait pas. Et elle était assommée que cette petite Célina se mît à tout bout de champ pour elle dans des états ridicules. Elle haussait les épaules, pinçait les lèvres, avait toute la peine du monde à ne pas la remballer.

Célina ne voyait rien. Ses yeux pâles et mouillés semblaient faits pour flotter dans des atmosphères vagues, par-dessus les choses réelles. Elle revenait à Germaine avec l'obstination humble du chien que ne rebutent pas les coups.

Germaine, pourtant, avait avec elle des moments d'abandon. Quelquefois, un besoin invincible de confidences amollissant sa dureté, elle aurait voulu l'écraser sous ses bonheurs d'amour, la faire saigner au récit de ses rendez-vous avec le braconnier, être pour elle un objet d'admiration profonde. Une clarté noyait alors ses yeux: elle posait sur Célina son sourire tranquille; des aveux lui montaient aux lèvres, et elle restait à la regarder, toute frémissante, la bouche ouverte, comme pour parler. Ce qui la rendait indécise, c'était de commencer. Elle cherchait le premier mot. Mais une défiance s'emparait d'elle tout à coup; le sourire s'effaçait au coin de sa bouche; son œil redevenait sec, et elle se renfermait dans son silence prudent de paysanne. Celte petite Célina n'aurait eu qu'à bavarder; cela ferait un beau grabuge, et elle la plantait là, avec un large dédain de la savoir ignorante des choses qu'elle connaissait.

Célina la regardait partir de ses yeux étonnés et doux, trouvant toute chose naturelle de sa part. Elle ne se gênait pas d'ailleurs pour dire aux gens, avec une conviction naïve, qu'elle était peu de chose à côté de cette grande fille brune. Elle s'était amourachée de ses larges épaules et de ses mouvements brusques, où perçait une virilité lointaine. Elle, au contraire, était blonde, petite, l'épaule un peu déjetée, et cela faisait une sorte d'infériorité dont elle ne souffrait pas, mais qui grandissait encore Germaine. Elle lui disait: — T'es bien au-dessus de nous, toi! T'es belle! T'es presque aussi belle qu'un homme!

Germaine trouvait dans ces mots un écho de ce que lui répétait sans cesse Cachaprès. Cette admiration d'une fille simple lui donnait des satisfactions orgueilleuses. Elle la questionnait alors, riant, heureuse, lui demandant ce qui était belle en elle. Et Célina répondait:

— Je ne sais pas. T'es belle. V'la tout!

Cela lui suffisait, du reste; autrefois, elle avait bien souvent interrogé son miroir avec inquiétude, au temps où la pensée de l'homme la travaillait. Elle s'était trouvé le nez gros, les sourcils trop fournis, le menton insuffisamment ovale. Mais à présent, elle se savait belle. L'amour lui avait appris à considérer son corps comme un outil merveilleux. Elle connaissait l'empire que la beauté exerce sur les cœurs. Et seule dans sa chambre, elle s'admirait par moments, orgueilleuse et frémissante.

Elle finit par dominer entièrement Célina. Le garde son père reparaissait dans cette fierté impérieuse qui était le fond de son caractère. Elle aimait commander. Elle avait la voix brève des gens qui savent ordonner, et Célina, toujours troublée par l'absence de l'homme, subissait avec un charme étrange les violences douces de cette femme, qui avait sur elle l'autorité de la force et de la résolution.

Elle lui faisait à présent des recommandations. Une faudrait pas qu'elle s'avisât de la trahir, sinon elle deviendrait son ennemie, au lieu d'être une bonne amie comme elle était. Célina, ne comprenant pas très bien de quelle manière elle pourrait la trahir, Germaine lui expliqua le mot, dans un sens que Célina ne comprit pas davantage. Et la pauvre fille continuait à la regarder, ahurie d'être si bête. Alors Germaine précisa:

— Mais oui, comprends donc! Si j'avais un amant, est-ce pas, et que t'irais le dire, tu m'vendrais!

Célina haussa les sourcils.

— T'as un amant?

Germaine hocha la tête:

— C'est une supposition. Mais ça peut arriver. Seulement, il ne faudrait pas le dire.

Et elle partit de là pour lui défendre nettement de rien révéler du temps qu'elles passaient ensemble, ni des heures auxquelles elle arrivait ni de celles auxquelles elle partait. Chacun a ses petites affaires. On n'aime pas que les gens y mettent le nez.

— Bien sûr, répondit Célina, perdue dans ses songeries.

Germaine la quittait ensuite pour aller rejoindre Cachaprès. Quelquefois Célina s'offrait à l'accompagner. Elle avait une manière un peu brusque de la repousser alors. Cependant, elle n'osait pas toujours. Célina lui prenait le bras et elles marchaient quelques instants ensemble, jusqu'au moment où Germaine, n'y tenant plus, la renvoyait d'un mot décisif.

Seule enfin, elle s'enfonçait dans le bois avec une joie extraordinaire.

Ils variaient leurs rendez-vous pour n'être pas surpris, choisissant tantôt un arbre aisément reconnaissable, un sentier dans un taillis ou bien un embranchement de chemins. D'abord elle s'avançait lentement, avec précaution, regardant de tous côtés. Des formes d'arbres avaient des silhouettes humaines dans la demi-obscurité du crépuscule. Il lui fallait un peu de temps pour s'enhardir. Mais bientôt l'impatience la gagnait. Elle se mettait à courir, enjambant les bruyères, coupant court à travers l'embroussaillement des taillis. Des branches accrochaient sa robe, parfois. Elle avait un petit frisson de peur; et tout à coup, haletante, la chair en sueur, elle le voyait apparaître.

C'était des bonheurs. Il lui disait qu'il l'attendait depuis des heures, sans oser bouger de place. Il ne lui faisait pas de reproches. Il était bien trop content de la voir. Et elle se sentait remuée dans ses entrailles d'être ainsi aimée.

Il la prenait dans ses bras, la portait, riant, bégayant, pris de folie. Toute robuste qu'elle était, elle pesait le poids d'une plume dans ses larges mains. Il avait un plaisir farouche à la tenir contre lui, longtemps.

— Si j'te lâchais plus? lui disait-il.

Elle lui donnait des tapes sur la tête ou bien, le bras autour de son cou, posait sur sa nuque sa bouche chaude. Elle répondait:

— Ça va. Garde-moi pendue après toi!

Ses bras l'étreignaient alors à la briser. Il avait des élans d'amour féroce. Les baisers qu'il donnait étaient douloureux comme des morsures. Il ouvrait la bouche sur sa chair, les mâchoires secouées d'un tremblement. Et il lui répétait à satiété qu'il mourrait si jamais elle cessait de l'aimer; on verrait sa carcasse quelque part sur le chemin ou bien pendue à un arbre. Et il se meurtrissait avec les ongles pour lui montrer combien peu il tenait à son corps.

Elle se jetait sur lui, retenait ses mains, le suppliant avec colère de croire à elle:

— Quand j'te dis que j't'aimerai jusqu'en enfer!

Il la regardait, les yeux fixés sur sa bouche, toute sa face dilatée dans une clarté, et balbutiait:

— Dis-moi ça toujours, si c'est vrai.

Elle ne le lui disait jamais assez. Il mettait son visage contre le sien, dardant du fond de ses yeux ses regards aigus, et l'obligeait à lui répéter constamment la même chose.

— Voyons... Là, encore... Regarde-moi bien en face.

Quelquefois il l'arrêtait:

— Non, t'as pas bien dit cette fois.

Elle le battait, impatientée.

— Grande biesse!

Puis, un peu de tristesse le prenait.

— T'as raison, j'suis bête. Mais quand j'pense qu'ça peut venir que t'aurais plus rien pour moi, ben! j'sens ma tête qui tourne comme un moulin.

Elle haussait les épaules, doucement.

Ils demeuraient ensemble jusqu'à l'ombre pleine. Le silence s'appesantissait autour d'eux, mettait une gravité sur leur isolement. Leurs visages faisaient une tache plus claire dans le noir. Ils s'asseyaient l'un près de l'autre, regardant augmenter cette blancheur et se chuchotant des choses caressantes, à demi-voix.

D'autres fois, muets, ils écoutaient frissonner le bois, au fond de cette marée de nuit qui, petit à petit, s'élargissait de la terre au ciel. Et rien ne leur était bon comme d'être à chaque instant un peu plus engloutis dans l'énorme vague noire.

C'était elle qui lui rappelait l'heure, toujours.

— Déjà? disait-il.

Et il se lamentait, ne pouvant se résigner à la séparation. Il prenait sa tête à deux mains, avec désespoir, et suppliait Germaine de rester encore. Ou bien, il l'emprisonnait dans ses bras, et riant de son mauvais rire, il lui criait:

— Pars à c'te heure!

Elle devait le supplier à son tour de la lâcher. Elle invoquait des raisons, son père, ses frères, la nécessité d'être prudente. Il s'emportait, piétinait de colère, cognait les troncs d'arbres à coups de poing, et une jalousie s'en mêlant:

— Eh ben, quoi, tes frères? Est-ce que t'es leur femme, à tes frères? Est-ce que t'aimes mieux tes frères que moi, ton homme?

Elle se fâchait,

— J'en ai assez. Laissez-moi.

Cette volonté le rendait soumis, avec un peu de lâcheté. Ses mains se détendaient autour des poignets de Germaine. Chargées de tendresse, elles la caressaient au lieu de l'étreindre. Et il poussait des soupirs tristes, pour l'attendrir, sans plus chercher à lui faire violence.

Il l'accompagnait jusqu'à la lisière du bois. Quelquefois elle était troublée à la pensée de rentrer, et cela mettait un peu de froideur dans ses adieux. La jalousie le reprenait alors; il la suivait, de loin, la voyait traverser la cour, de son pas tranquille, et bientôt les portes se fermaient.

Il était sûr d'elle, ces fois-là.

XIX

Un soir, elle trouva les portes closes.

Ce fut un grand saisissement. Elle fit plusieurs fois le tour de la ferme, cherchant une issue. Rien. La cour avait deux portes charretières; celle qui donnait sur le verger s'ouvrait en deux parties. Les battants du haut pouvaient n'être pas fermés au verrou.

Elle prit une gaule et en appliqua le bout contre les vantaux, délicatement. La porte ne céda pas. Elle poussa de l'épaule ensuite les autres portes, l'une après l'autre. Impossible de les faire bouger. Alors elle pensa à une échelle, pour passer par-dessus le mur. Mais cela ferait du bruit. Elle renonça à l'échelle, et tout à coup, se voyant bien dehors, c'est-à-dire découverte et vendue, elle s'abattit sur le sol, avec un désespoir sombre.

Peut-être savait-on ses sorties; un de ses frères avait pu lui jouer ce tour de fermer les portes avant qu'elle fût rentrée. Tout le monde l'accablerait le lendemain matin, quand elle serait vue, et elle entendait la voix sévère de Hulotte tomber de haut sur elle, comme un maillet. Que pourrait-elle répondre?

Un bruit sourd, continu, lui arrivait à travers l'épaisseur des murs: c'était le mâchonnement des vaches broyant leurs herbages. Cette placidité lui fit envie: elle aurait voulu être, comme les vaches, couchée dans la litière des étables; les bêtes, ça ne pense pas. Brusquement, une toux qui partait de la chambre du fermier la fit se dresser en sursaut. S'il l'épiait! Elle se ploya, s'enfonça dans l'ombre.

Une main toucha la sienne. Cachaprès était debout devant elle.

— Viens, dit-il.

Une large joie éclatait sur sa face.

Elle fit de la tête un signe négatif, et tout en disant non, elle se laissait entraîner. Il avait passé son bras autour de sa taille et la soulevait à demi. Ils traversèrent le verger.

Il l'emportait comme un trésor et comme une proie. Une torpeur l'avait prise, elle se laissait faire. Ce couple s'enfonça dans le bois.

Là elle se débattit.

— Lâche-moi, cria-t-elle.

Et comme il retirait son bras, elle se jeta à terre, avec une explosion de larmes. Elle frappait le sol à coups de tête, se lamentant, et ces mots revenaient constamment à travers son désespoir:

— J'suis perdue! Qui me rendra l'honneur?

Lui, haussait les épaules, peu sensible à cette chose. Les mains dans ses poches, il se dandinait sur ses jambes. Il aurait voulu la consoler, cherchait des phrases. À la fin, il se pencha et lui dit:

— Est-ce que j'suis pas là, après tout?

Elle eut un fier dédain.

— Toi?

Et son regard l'embrassa des pieds à la tête. Il reprit, avec un peu de colère:

— Oui, moi, j'vaux-t-y pas un autre?

Elle éclata. C'était lui la faute qu'une pareille chose lui arrivait. Il n'avait qu'à ne pas la retenir. À présent, elle était moins que rien; elle découchait, elle était obligée de passer la nuit dans le bois. Les garces au moins ont leurs lits. Et amenée par le mot à d'autres idées, elle lui reprocha de l'avoir traitée comme toutes les salopes auxquelles il était habitué. Il avait eu des fréquentations malpropres. Ça se voyait bien. Sans ça, il l'aurait respectée, etc.

Il répondit une parole courte, terrible:

— T'avais qu'à pas t'laisser faire!

Cette férocité froide l'abattit. Il l'insultait à présent, plus tard il la frapperait sans doute? Elle eut des larmes.

Il céda à un bon mouvement alors et s'assit auprès d'elle.

— Voyons, Germaine, tu diras à t'papa,…

Elle l'interrompit net:

— On ne s'vena plus. C'est fini.

Hein? Qu'est-ce qu'elle disait? Il demeura un instant immobile. Cette parole résolue l'avait étourdi comme une tapée de crosse. Enfin, il se leva, marcha à elle.

— Que je n'te voie plus, Germaine?

Il tendait le cou, les yeux convulsés, comprimant sa poitrine de ses deux mains crispées. Il continua:

— Que je n'te voie plus! Et c'est toi, Germaine, qu'as dit ça! Tiens! si c'était vrai, ben là! je t'prendrais par le cou, comme ça, et j'te…

Il n'acheva pas. Elle avait poussé un cri.

Alors il tomba sur elle, les bras ouverts, hoquetant, secoué d'une énorme défaillance.

— J'suis bête, pour sûr. J'ai mal compris. Tiens, Germaine, faut pas m'dire des choses que j'pourrais pas comprendre. J'ai pas fait mes écoles, moi. Les gens des bois, c'est comme les bêtes qu'y sont dedans. Dis, Germaine, est-ce pas que t'as pas dit ce que t'as dit!…

Il s'embrouillait dans son émotion, ne trouvait plus les mots; sa voix s'étouffa dans une fureur de baisers, et Germaine eut, à le voir aplati et docile devant elle, une fierté de dompteur posant son pied sur un fauve.

Elle se laissa attirer par ses mains tremblantes jusque près de lui; et souriant, la face noyée dans une mollesse, il lui dit:

— Tu peux m'battre maintenant. J'me revancherai pas. J'ai plus de force. J'suis comme l'petit qui vient de venir à s'mère.

Elle le scrutait, curieuse et ravie.

— Tu dis ça pour m'faire accroire?

— Ben, non, vrai! J'suis pas un artiss, moi, j'joue pas la comédie…

C'est égal. Elle lui gardait rancune pour son mot de tout à l'heure; et comme il feignait de ne pas s'en souvenir, elle le lui répéta. Mais il l'enroula dans ses bras et l'embrassa follement, tournant la chose en plaisanterie. Et elle sentit son dépit s'en aller à travers l'étourdissement des baisers.

Puis d'autres idées l'occupèrent.

Elle jouissait d'être éveillée au milieu du lourd sommeil des campagnes. Le silence l'impressionnant, un peu de frayeur se mêlait à la douceur de ses pensées. Jamais elle ne s'était trouvée dans l'horreur adorable des minuits; et tout un coin de son être s'éveillait à d'inexprimables sensations.

Le frisson qui remuait le taillis venait mourir sur sa peau, comme l'haleine d'une bouche froide. Elle écoutait traîner dans l'air le bruissement profond des bois, et petit à petit, un assoupissement la raidissait.

Elle s'était blottie contre lui, la tête dans ses épaules sous la chaude enveloppe de ses bras noués autour de sa taille, et ils demeurèrent ainsi longtemps, confondus dans une joie muette de s'appartenir.

À la fin, ses yeux se fermèrent, tournés vers ce brun visage d'homme mêlé au bleuissement de la nuit.

Elle dormit.

Les bras de son amant lui servirent de lit jusqu'à l'aube. Ils étaient élastiques et chauds, mieux que la laine et la plume, et il veillait sur elle, évitant de faire un mouvement. La forme de ce corps imprimé dans sa chair était une volupté continue, dont il ne voulait rien perdre; et il regardait onduler les pâleurs de sa gorge, avec un plaisir muet, comme la palpitation de son propre amour.

Un peu avant le jour, elle s'étira, et lentement ses yeux s'ouvrirent. Elle le vit comme à travers un nuage, immobile, ses larges dents blanches étalées dans un sourire.

Elle fut un instant à se rappeler. L'aspect des feuillages encore demi-couverts de nuit laissait flotter une stupeur dans ses prunelles. Elle ne savait pas bien pourquoi elle s'éveillait sur les genoux d'un homme, dans un pareil lieu. Puis la mémoire lui revenant, elle cacha sa tête dans ses mains, reprise par la honte. Et lentement, le matin se leva, faisant chanter les oiseaux.

Ils se rapprochèrent de la ferme.

Germaine entendit grincer les gonds des portes. Dans le verdissement du petit jour, une silhouette humaine s'agitait du côté de l'étable. Elle reconnut la vachère. Alors ce furent des adieux pleins de caresses. Tandis qu'elle se glissait, à travers le verger, s'effaçant derrière les arbres, il la suivait des yeux, lui envoyant des baisers d'un mouvement de la bouche. Elle traversa la cour, soudain disparut dans la maison.

La chambre de Germaine étant distante des autres chambres à coucher, elle put l'atteindre sans être entendue. Elle se déshabilla et s'étendit dans la tiédeur des draps. Un étonnement lui restait de cette nuit passée dehors et aussi une impression vague d'écœurement: ce découcher la diminuait à ses propres yeux, comme une déshonnêteté plus grande que les autres. Et cette disposition d'esprit s'aggravait d'une inquiétude terrible, à savoir l'attitude que le fermier et ses frères allaient prendre devant elle.

Elle les entendit se lever l'un après l'autre. Il fallut bien aller les rejoindre dans la cuisine et leur préparer le café du matin. C'était elle que ce soin regardait. Elle arriva mal assurée, tremblante, osant à peine lever les yeux, et tout à coup ses craintes se changèrent en joie. Ils ne se doutaient de rien; on l'avait cru couchée et l'on avait fermé les portes.

XX

Ils se rencontrèrent un peu plus souvent chez la Cougnole.

Des fois Germaine était prise d'un désir de le voir au milieu du jour. Elle inventait alors un prétexte pour s'échapper et courait jusqu'à la maison de la vieille. Il n'était jamais bien loin. Une paresse rendait sa vie monotone; il passait ses journées à rôder dans le bois, tantôt se couchant dans les mousses, tantôt marchant devant lui, sans but. Quelquefois, il passait le temps à couper des branches sèches pour Cougnole ou lui déchaussait des souches mortes. Il y avait bien un mois qu'il ne braconnait plus.

Ils avaient des sentiers convenus, à travers les taillis. Presque toujours, elle l'apercevait étendu de son long dans la fraîcheur des herbes, sous un hêtre ou dans un fossé. Il dormait. Elle l'appelait par son nom à demi-voix, et il s'éveillait, un ravissement dans les yeux. Il rêvait d'elle justement, et brusquement elle éclairait son réveil de son apparition. Ses mains la palpaient, reconnaissantes, amoureuses, avec des ivresses; ils se soûlaient de tendresse un bon moment.

D'autres fois, le frôlement des feuillées annonçant l'arrivée de Germaine, il s'avançait au-devant d'elle; de loin, elle voyait sa figure entre les verdures. Ils se prenaient par la main et s'enfonçaient dans les dessous ombreux, leurs hanches se touchant. Ils s'abîmaient dans de longs silences. Leur amour leur montait à la tête, comme un étourdissement, et ils se taisaient, s'écoutant vivre au fond d'eux-mêmes, glorieux.

Les jours où elle ne le rencontrait pas, Germaine allait l'attendre chez la Cougnole; il arrivait bientôt et ils demeuraient ensemble, tant qu'ils voulaient, dans l'isolement de la masure, n'étant troublés par rien. Cougnole avait des ruses variées pour les avertir de sa rentrée, toussait, grommelait, traînait ses sabots à terre, cognait à la porte, avec une habitude de ces choses, et son humilité à les servir grandissait avec le besoin qu'ils avaient d'elle.

Cette Cougnole était une étrange créature. Ceux qui prétendaient que Rupin, son homme, n'avait pas connu précisément tous les bonheurs en ménage, étaient dans le vrai. Une histoire avait même couru. Rupin ayant trépassé subitement, on s'était rappelé certains propos de la vieille. Elle s'était plainte souvent que l'homme lui coûtait à nourrir; il avait des maux qui l'empêchaient de travailler; des semaines entières, il restait à dormasser dans l'âtre. Mais les rumeurs étaient tombées devant la douleur bruyante qu'elle fit paraître. Elle demeura deux jours auprès du cadavre, sans vouloir toucher à la nourriture, avec de grands gestes sombres de désolation. Il y eut une scène terrible sur le seuil quand, debout, les bras en l'air, elle vit sortir les quatre planches clouées sur feu Rupin: elle s'abattit de tout son corps sur le cercueil, voulant le ravoir, menaçant de ses poings les porteurs. Et tout doucement, à mesure que se haussaient les herbes sur la fosse du mort, les marques de consternation de la femme diminuèrent; l'histoire s'enterra. La Cougnole mangea un peu mieux, seulement.

Elle avait beaucoup pratiqué un métier dans le temps. Elle veillait les vaches près de vêler, les aidant à mettre bas. Et, à force d'aider les bêtes, elle avait fini par aider les gens. Une expérience lui était venue en matière d'accouchements Des campagnardes la faisaient appeler encore quelquefois. Mais le garde champêtre ayant l'œil sur elle, la Cougnole ne travaillait plus que clandestinement, lorsque les femmes en mal d'enfant habitaient un peu loin.

Puis on avait eu vent d'une chose. Une fille de vingt ans, qui habitait un village à trois lieues de là, avait été soupçonnée d'une grossesse. Et tout à coup, sans transition, elle avait repris son ancienne minceur. Pas pour longtemps, il est vrai, car elle était morte au bout de cinq jours. On accusa Cougnole d'avoir été mêlée à cette affaire. Mais il n'y eut rien de positif, et la fille ayant emporté son secret avec elle, le tapage finit par s'assoupir, comme s'était assoupi l'autre.

Il était certain toutefois que la Cougnole n'était pas intacte. À ce métier louche de sage-femme, elle en joignait un autre, fabriquant des unions, et même, sans qu'il fût question de mariage, s'entremettant entre filles et garçons. En outre, elle avait longtemps possédé un bouc auquel on menait les chèvres des alentours, et cette animalité empuantissait sa maison d'une fétidité permanente. Elle faisait ainsi une sorte de commerce des choses de la nature, vivant de la lubricité des hommes et des bêtes. Un jour, le bouc avait été vendu; elle avait cessé de se déranger pour les gésines et s'était contentée de courailler les samedis de ferme en ferme, son cabas au bras, se faisant, de ce qu'elle ramenait en un jour, la nourriture d'une semaine. Les villageois la blaguaient bien un peu sur ses pratiques anciennes. Mais elle leur répondait plaisamment et passait son chemin, s'occupant uniquement d'alourdir son panier.

C'était devenu une habitude de lui donner. Elle se béquillait sur un bâton, courbée, geignant, traînant la jambe, très proprement vêtue toujours, avec des biglements d'yeux qui amusaient. On ne savait pas au juste si elle était pauvre ou à l'aise; mais on donnait; et à travers bois, quand personne n'était plus là pour la regarder, sa longue échine se redressait, sa jambe s'allongeait, elle gagnait sa masure, brusquement agaillardie.

L'accord s'était fait très naturellement entre elle et Germaine. Elle avait vu dans la cession de sa maison une manière de se montrer reconnaissante envers la fille des Hulotte, pour tout le bien que celle-ci lui avait fait. Puis, c'était un retour à une période lucrative de sa rie. Elle se rendait service en servant autrui.

Germaine n'eut besoin que de rencontrer Cachaprès chez elle une première fois, comme par hasard. Comme il pleuvait et qu'elle était arrivée trempée, la vieille lui avait allumé du feu, bavardant à son ordinaire et lui demandant des nouvelles de l'autre; et tout à coup, ayant relevé la tête, elle avait aperçu derrière le carreau une haute silhouette:

— Entre, m'fils!

Puis, tandis qu'il passait le seuil, elle avait tassé du pied une charge de brindilles dans l'âtre, et l'instant d'après, avait tiré la porte sur eux.

Elle était revenue, au bout d'une couple d'heures, avec un flux de paroles doucereuses. La pauvre chère fille était sèche, enfin! Voyez un peu: courir les bois par les gros temps, alors qu'à un pas on a une vieille commère, qui a toujours aimé servir les gens, les jeunes gens surtout. Et ne pas entrer! Ne pas la mettre à la porte en lui disant: Va-t'en, vieille bête de Cougnole, tant que mon homme et moi serons à nous dire des choses! C'était-il fierté à la chère fille?

Toute la litanie était débitée avec la plus grande expansion, tandis que sa tête hochait sur ses épaules, que ses yeux rutilaient et que ses mains tour à tour claquaient l'une dans l'autre ou se tendaient au ciel, accompagnant les éjaculations de Pater et d'Ave Maria. Elle partait de là pour signaler les nécessités de son existence, intercalant une demande de secours dans une bénédiction et associant à son industrie le bon Dieu et la vie future, étroitement.

Dans les commencements, Germaine éprouvait une bonté à la voir s'en aller; ses manières silencieuses de ranger la chambre avant de la quitter, lui faisaient monter des rougeurs derrière les oreilles et elle demeurait un moment perdue dans ses idées, ayant dans les yeux et l'attitude le remords vague d'en être arrivée là.

C'étaient de brusques rappels de conscience, pendant lesquels la vertu ferme de sa mère semblait lui revenir et mettre un temps d'arrêt dans ses faiblesses Mais un baiser du gars refoulait ses protestations au fond de sa chair lâche. Alors cet autre sang, celui de son aïeule, reprenait le dessus, et sa fierté s'en allait dans des besoins d'amour.

Petit à petit, l'habitude s'en mêla: elle s'accoutuma aux départs complaisants de la Cougnole. L'évidence de ses gestes, alors qu'elle disposait la chambre, la faisait sourire, simplement, comme une préparation au bonheur qu'elle finissait par accepter, trouvant tout très bien, pourvu qu'il fût là, lui, avec ses emportements de tendresse sauvage et ses grandes caresses brutales, qui la secouaient des pieds à la tête.

Cougnole, pour prix de sa docilité, eut une abondance de choses. Germaine lui apportait de la nourriture et des vêtements, en quantité. Elle mentait chez elle, pour obtenir davantage, la disait très souffrante, insinuait que la fin de ses misères était prochaine; et quelquefois même, elle prenait sans demander. Un jour, elle mit dans son panier des chemises qui avaient servi à sa mère; une autre fois, elle y glissa une paire de draps de lit de belle toile, dépareillant ses armoires dans son zèle à la payer. Et un peu de crainte s'alliait à cette fureur de lui être agréable. Si elle allait parler! Un obscurcissement de plus en plus grand s'appesantissait ainsi sur elle.

La masure était bien placée, du reste, pour le mystère de leurs rendez-vous. Cachée par le bois à l'arrière, elle alignait sa façade à front de route; mais peu de monde fréquentait la chaussée, qui s'allongeait, grise, sombre, avec sa monotonie de grands arbres, dans un délaissement de vieille route royale. Par moments, un piétinement lent de chevaux entrecoupait le bruit sourd des roues cahotant sur les pavés; des fouets claquaient, et des équipages de rouliers charriant de la houille, du bois ou des fourrages passaient, se perdaient dans la sourdeur de l'éloignement.

Ils demeuraient là bien seuls, en réalité: la porte close et le verrou tiré, ils pouvaient se croire séparés du reste des hommes. Le silence des forêts semblait se continuer dans le silence de la petite pièce, où seule sonnait la pendule, une vieille pendule rechignée, dont les rouages avaient l'air de renâcler, et ils avaient des enchantements à la pensée de mener une vie pareille le reste de leurs jours.

Il lui parlait des bois; c'était la vraie vie de courir librement dans la sauvagerie de la terre; il y en avait pas d'autre. Lui n'aurait pas troqué pour une ferme. Il n'aimait pas la régularité du travail, les occupations graves du paysan vivant de ses arpents de culture, et il le comparait au bœuf dans son sillon. Puis il s'étendait sur les plaisirs de son métier; rien ne valait une belle prise, un bon tour aux gardes, le qui-vive permanent du braconnier aux aguets. Il aimait les coups de fusil, l'odeur de la poudre, le petit claquement sec de la détente. Sûrement il se serait fait soldat, s'il y avait eu une guerre. Se battre, à la bonne heure!

Elle l'écoutait, admirant ses gasconnades; et une envie de lui ressembler la gagnait. Elle regrettait presque sa richesse de fermière; pauvre, elle aurait couru dans les bois avec lui, et ils auraient vécu des métiers farouches de la terre, à deux. Il la regardait longuement alors, disant:

— T'as pas de cœur, vois-tu, sans ça...

Une fois, il lui parla de la P'tite aux Duc. Bien pour celle-là de rouler avec lui! mais il ne l'aimait pas; elle était pour lui comme une sœur plus jeune. Oh! si ç'avait été Germaine! Et celle-ci fronçait les sourcils, un peu jalouse de cette enfant que rien ne retenait. Elle finissait par secouer la tête ou hausser les épaules, devant ce rêve de partager sa vie qui ne se réaliserait jamais.

Elle en caressait un autre alors, c'est qu'il renonçât à ses trafics; une barrière après tout pour tous deux; et elle substituait à son existence vagabonde une existence de fermier, sérieuse et posée. Il aurait un cheval; il braconnerait tout de même. Bien des fermiers sont braconniers.

— Comme ça, je ne dis pas, faisait-il, rêveur.

Mais le tout était d'y arriver. Et ils spéculaient sur l'avenir. Germaine allant même jusqu'à escompter les chances de succession. Elle aurait le bien de sa mère, d'ailleurs.

— La maison du garde, tu sais bien…

Il trouvait cela drôle que lui, Cachaprès, irait un jour habiter la demeure d'un garde; ça ne se serait jamais vu, et il en riait de son large rire bon enfant.

Un peu de chimère se glissait ainsi dans leurs entretiens, leur faisant les heures plus belles. Et le moment de se quitter les surprenait comme un accablement Ces deux natures rudes se fondaient alors dans une effusion d'adieux tendres, de longs et interminables baisers.

Elle partie, Cachaprès s'évadait du côté des taillis, évitant d'être vu; et de loin elle voyait sa haute stature s'amincir dans une fuite rapide.

Il attendait quelquefois, sous les feuilles, la tombée du jour. Lentement la braise rouge du couchant s'éteignait, fumante, dans le crépuscule froid; et, songeur, l'âme et les sens caressés par l'odeur de la chair aimée, il se rabattait vers la hutte des Duc, pour y dormir son grand sommeil.

La bûcheronne ne le questionnait jamais; elle semblait l'accepter comme elle acceptait la tempête, le manque de pain, l'occasion, sans raisonner, avec une fatalité inconsciente. Pourtant, au fond, elle était un peu troublée par le détraquement survenu dans les habitudes du gaillard; il n'était plus le même. Mais elle se serait laissé couper le pouce sur le billot plutôt que de desserrer les mâchoires: il avait un secret, sûrement.

Un jour, il l'envoya à la ville demander une avance d'argent à Bayole. Le marchand fit l'avance, avec des plaintes infinies qu'on ne pût pas mieux compter sur le gibier. Elle noua les ronds dans un angle de son mouchoir de cou, et la route décrut rapidement sous ses arpentées longues comme celles d'une bête au trot.

— V'ià ce qu'il a donné et v'là ce qu'il a dit, rapporta-t-elle.

Il secoua la tête, en riant.

— J'suis pas en train. Faut croire qu'on m'a jeté un sort.

Joyeusement, il partagea l'argent avec les Duc. qui lui donnaient le pain et le logis, en frères.

XXI

Du temps se passa.

Un peu de lassitude s'était mis dans l'amour de Germaine. Ces éternels rendez-vous, avec leur monotonie de passion, la fatiguaient. Puis, elle en avait vaguement assez, de la contrainte à laquelle elle était tenue, pour ne pas rendre publiques leurs relations. C'était comme un écœurement de toujours mentir, qui par moments lui donnait des envies de rompre. Elle rêvait alors de redevenir la fille d'autrefois, insouciante et tranquille; sa vie était bien moins troublée, en ce temps; chaque heure avait son travail et la journée s'achevait d'un cours régulier. Des fainéantises à présent coupaient ses après-midi; le fond de son existence était une flânerie lâche, avec des mollesses de personne grasse et de perpétuelles songeries obsédantes qui lui faisaient trouver rebutantes les besognes accoutumées.

Cette satiété, confuse dans les commencements, finit par s'accentuer au point de glisser une pointe d'ennui dans leurs entrevues.

Elle demeurait les yeux perdus, à regarder par-dessus la tête de son amant. Le silence de la petite maison, qui était comme un secret de plus sur leur tendresse, l'importunait, lui semblait horriblement pesant et vide. Il était obligé de lui répéter les mêmes choses. Elle l'écoutait à peine, avec un sourire machinal, ou bien fronçait les sourcils, impatientée de l'entendre. Des bâillements lui venaient aux lèvres.

Un jour, il lui fit une scène.

— Serait-il que t'en aurais assez, dis?

La voix lui sortait de la gorge, éraillée et dure; il tenait ses poings fermés. Elle eut peur de sa colère et répondit par un mot vague.

— À quoi que tu vois ça?

Il eut un mouvement, comme pour tout briser autour de lui et brusquement se planta devant elle, les bras croisés.

— Faut me l'dire, d'abord. J'ai cor' assez de plomb pour nous deux.

Elle leva les yeux, frissonnante. Une résolution froide se lisait sur son visage

— Grande bête! va! dit-elle. Est-ce que je ne suis pas toujours la même?

Il secoua la tête.

— Non, non, non!

Elle haussa les épaules, à la fois douce et bourrue. Lui, continuait à secouer la tête sans parler.

À la fin, le voyant dans cette peine, elle fut prise d'un beau mouvement de passion. Elle sauta sur ses genoux et mit ses poings dans ses cheveux.

— Regarde-moi, tiens!

L'homme haussa lentement le regard, la tête basse et de côté, comme la lice grognante que le maître a matée, et un éclat vitreux allumait sa prunelle pleine de fureur et d'adoration.

— Ben, quoi? grommela-t-il, j'te regarde. Après?

Elle lui riait d'un large rire qui découvrait ses gencives rouges.

— Après? dit-elle. Ben! Tu ne vois pas qu'y a qu'on aime son homme?

Alors une volupté l'amollit. Il lui prit la tête, se mit à la baiser et en même temps il poussait des soupirs, sa douleur s'en allant par là, petit à petit, comme le vent par le trou d'une outre. À la fin, il l'enleva tout d'une pièce, et jetant sa casquette à terre avec force:

— Nom de Dieu! j' suis un coïon, fit-il.

Elle se pendit à lui, imprimant dans ses pectoraux les pointes de sa gorge. Il se débattait.

— T'es une enjôleuse. On s'quittera!

Mais sa force était entamée. Il s'abattit près d'elle, tiraillé par ses mains hardies et caressantes et ne demandant qu'à la croire. Pourtant un doute lui restait, comme le mal sourd d'une plaie qui a cessé de saigner; et sa rancœur le rongeait.

Elle s'en aperçut.

— T'as des idées sur moi, lui dit-elle, en le baisant dans la nuque, d'un coup de dent.

Il eut peur de remuer cette souffrance, hésita, dit non de la tête, et comme elle insistait, se décida. C'était vrai qu'il avait des idées; elle s'ennuyait avec lui. Est-ce qu'elle n'avait pas bâillé plusieurs fois de suite, tout à l'heure?

Puis elle était toujours pressée de s'en aller, depuis quelque temps. Deux jours de suite, elle n'était pas venue. Elle voulait s'arracher à lui, tout doucement. Ça se voyait clair comme la lune et les étoiles.

Germaine haussait les épaules.

— C'est pas vrai! Peut-on dire!

Et sa tendresse lui revenait devant cet homme à consoler et ces mensonges à prodiguer. L'imprévu de la scène rompant la régularité de leurs entrevues, elle se sentait reconquise par un élan nouveau, un besoin de lui faire oublier sa défaillance d'amour.

Cela dura quelques semaines.

Puis la lassitude reparut. Elle aurait voulu trouver une occasion de rester plusieurs jours sans le voir. Cette plénitude de passion l'engourdissait comme une monotonie; ils auraient eu bien plus de plaisir à se revoir après un petit temps de séparation. Et elle chercha un moyen de lui couler cela à l'oreille, en douceur, sans le fâcher. Mais il avait une manière d'aimer les gens différente de la sienne. Il la voulait tout entière et constamment. Il aurait passé ses jours et ses nuits à demeurer près d'elle, à la regarder vivre, à vivre de sa vie; et cet attachement, pareil à celui des bêtes, lui tenait au corps par toutes les fibres et toutes les moelles.

Aucune ruse ne se mêlait plus à sa folie pour Germaine. Il l'aimait d'un cœur bête, avec une large candeur. Il y eut alors ceci de singulier, c'est que l'astuce qui avait été du côté du garçon au temps des convoitises, passa du côté de la fille, après l'assouvissement. Elle rusa pour être quittée comme il avait rusé pour être accepté.

Un jour qu'elle crut le moment venu, elle lui prit la tête et la serra contre sa gorge, d'une caresse longue comme un bercement.

— Vrai, là, nous sommes trop amoureux, lui dit-elle. On dit que ça ne dure pas, quand ça va trop fort.

Il darda d'en bas un regard courroucé et répondit avec chaleur.

— Dis qu'y-z-en ont menti. Je l'sens ben là.

Elle resta un instant sans répondre, puis reprit:

— Enfin, ça se dit; moi, je n'sais pas. Mais tout d'même, si c'était pour durer, faudrait pas se voir trop souvent, vrai! Les gens mariés, par exemple...

— Eh bien?

— ... n' s'aiment plus. Oh! ça, c'est la vérité.

Il secoua la tête.

— J'vois ben quoi tu veux!

Elle eut une secousse imperceptible et levant les yeux vers lui:

— Quoi?

— J'vas te dire. Tu es une mamzelle; moi, j'suis un homme tout court. T'as des idées. J'te gêne.

Il accentuait chaque mot d'un hochement de tête, calme, avec un peu d'émotion seulement dans la voix.

Et continuant:

— Alors, comme ça, tu m'aurais pris pour t'amuser! J'serai été dans tes mains comme qui dirait une poupée! C'est-y ça?

Elle mit la main sur sa bouche.

— Tu sais ben que non.

— Alors?

— Alors, j'veux dire seulement qu'on a plus de plaisir à s'voir quand on ne s'voit pas tous les jours. On s'mangerait de s'revoir.

Il l'écoutait parler à présent, avec une stupeur triste.

— T'es plus homme que moi, fit-il à la fin. Moi, plus j'te vois, plus ça me tient de t'voir.

Il y eut un silence dans la chambre, devenue tout à coup morne comme un cimetière, tandis que derrière le mur ronflait le vent dans les grands arbres lourdement secoués.

Il reprit:

— T' faut'y que j' m'en aille un petit temps, alors, dis?

Sa voix tremblait. Elle plongea ses yeux au fond des siens, inquiète, n'osant dire oui, et se méfiant de sa tranquillité comme d'une ruse, puis se mit à rire:

— P't' ête bien, mon homme.

Il courba la tête, saignant et pourtant joyeux de lui complaire, même au prix d'un grand sacrifice.

Ils demeurèrent trois jours sans se rencontrer, et au bout de ce temps, elle eut une fureur de le voir, étonnée et charmée de lui être à ce point soumise. Elle courut chez la Cougnole.

Il avait battu les bois à la guetter, l'espérant malgré elle et hâve, éreinté, l'air farouche, il portait sur ses traits la douleur de cette attente vaine.

— J'viens, tu vois, lui cria-t-elle, de loin, tout son être dilaté dans une joie réelle de le posséder.

Elle lui trouvait une beauté neuve; cette absence le lui rendait avec des changements, quelque chose d'un autre homme; et elle l'admirait, émerveillée, regagnée par l'ancien amour.

Lui, pleura; de grosses larmes chaudes luisaient sur ses joues brunes, d'où elles coulaient sur les mains de Germaine.

— Faudrait pas recommencer souvent!

Et il ajouta qu'il avait été très malheureux. Il avait eu des idées drôles; il avait même pensé à aller se tuer dans la cour de la ferme.

Elle lui donna des tapes dans les côtes.

— Biesse, va! Puisque j'suis là!

Il répondit:

— Ah! oui, t'as raison! t'es là!

Elle lui avoua alors que la séparation avait été d'abord comme un temps de repos après avoir porté un poids lourd, mais bientôt ça lui avait fait un trou, comme si on lui avait arraché l'estomac du ventre. Elle l'aurait cherché partout, au fond des bois, s'il avait fallu. C'est à présent quelle l'aimait! et il l'écoutait, ravi, buvant les paroles sur ses lèvres d'une bouche altérée.

Ce furent quelques bons jours.

XXII

Un vendredi, le fermier Hayot arriva à la ferme.

Il était tenancier d'une métairie, à deux lieues des Hulotte, et passait pour un malin. C'était un petit homme court et trapu, de la finesse dans les yeux.

Il descendit de sa carriole, tira son cheval jusque sous la porte charretière et là, l'attacha par la bride à un anneau scellé dans le mur. Comme il pleuvait, il avait pris avec lui un large parapluie indigo, à monture de cuivre, et le tenait déployé sur son épaule. Ses grosses joues couleur brique, rasées de près, se détachaient sur l'étoffe, ayant de chaque côté des mèches de cheveux gris, aplaties. Il s'avança dans la cour, vit d'un coup d'œil les fumiers, les charrettes sous les hangars, l'abondance d'un train de maison bien réglé, et poussa jusqu'à l'étable.

Caïotte, la servante, trayait les vaches, assise sur un trépied bas, la tête à la hauteur des pis, ses mains passées aux tétines, d'où s'épanchait un beau lait lourd. Elle ne l'avait pas entendu venir et demeurait courbée, ses jambes rouges nues jusqu'au-dessus du genou, dans le fumier huileux éclaboussé de bousées immenses.

Hayot regarda les vaches l'une après l'autre du seuil de l'étable, et tout à coup son parapluie s'accrocha au linteau de la porte. Caïotte se retourna au bruit, et le voyant là planté sur ses pieds:

— Tiens! m'sieu Hayot! dit-elle, surprise, en descendant sa jupe.

Il fit aller sa tête en signe de bonjour, et continua à observer les bêtes. Leurs masses osseuses se dessinaient par grands plans d'ombre et de lumière dans la demi-obscurité brumeuse de l'étable. Des cornes luisaient sur des frontaux plaqués de clarté; des croupes noires avaient l'air de se prolonger dans d'autres croupes qui étaient fauves; et de grosses carcasses ballonnées, couchées à pleins fanons, bosselaient dans les pailles, ou posées debout, montraient la tache rose des mamelles entre l'arc cagneux des jarrets. Et le fermier regardait en connaisseur la largeur des pis, le lustre des robes, la santé des yeux sommeillants et limpides.

— V'là pour boire avec ton galant dimanche, dit-il en tirant trois sous de la poche de sa veste.

Une crevasse détendit les joues de la fille. Elle quitta son trépied et vint prendre l'argent. Alors il lui demanda de faire lever les vaches couchées; et elle alla de l'une à l'autre, les poussant de son sabot et les appelant toutes par leur nom. Elle s'arrêta devant une vache noire, et la tapota, disant:

— C'est celle-là que j'prendrais, si c'était mon idée d'acheter.

Hayot vit qu'il avait été deviné. Il loucha, en ricanant, du côté de la vachère, et répondit:

— M'est avis que t'as raison.

Et il ajouta deux sous à ceux qu'il lui avait déjà donnés.

— Merci, m'sieu Hayot, merci! répétait Caïotte, élargissant son sourire un peu plus à chaque remercîment.

Cette magnificence l'étourdissait. Et reconnaissante, elle se mit à louer l'excellence de la vache noire, avec des détails circonstanciés. Ça lui ferait de la peine, pour sûr, de la voir partir,, mais elle savait que les bêtes étaient bien chez m'sieu Hayot; la peine ainsi serait moins grande. Et il l'écoulait distraitement, supputant le prix de la bête par avance.

Il entra dans la maison et cogna les dalles du vestibule, du bout ferré de son parapluie.

— Hé! fermier!

Hulotte, en bras de chemise, était penché sur un secrétaire dont la face antérieure, en s'abaissant, formait pupitre. À l'intérieur du meuble, de chaque côté d'une cavité où étaient entassés des papiers, cinq tiroirs servaient à remiser l'argent. Hulotte, de lourdes lunettes sur le nez, balançait les comptes du dernier mois. Le haut de son corps disparaissait dans la profondeur du meuble. Un livre était ouvert devant lui, noirci d'une grosse écriture inégale, avec des macules d'encre et des salissures de doigts; et près du livre, des tas de monnaies enfermées dans des papillotes, encombraient la planchette.

Il ferma son pupitre, se montra sur le seuil de la porte.

— C'est-y ben m'sieu Hayot que voilà? dit-il; sûrement, c'est lui. N'restez donc pas dans le mitan de la porte.

— Dérangez pas, fit l'autre. J'passais. Alors je m'suis dit comme ça: faut voir tout de même comment va le fermier. Et j'suis entré, là, pour entrer.

Hulotte insista.

— Ben sûrement, vous allez prendre un verre de bière. Fermez donc vot' parapluie

— Non, là, ce sera pour une aut'fois. J'ai ma carriole avec moi. J'm'en vas, maintenant que je suis venu.

Hulotte lui prit son parapluie des mains et le mit égoutter dans l'escalier de la cave, disant que ça n'était pas poli et qu'à présent qu'il était entré, il allait demeurer une minute. Alors Hayot céda.

— Une minute! une seule minute! Pour vous faire honneur. Ça ne s'refuse pas.

Il secoua ses chaussures sur les dalles, grondant après la pluie qui lui faisait salir la maison, puis, trouvant un paillasson sur le seuil de la chambre, il se remit à frotter ses semelles, à petites fois, longuement.

Il entra enfin, vit Germaine qui achevait de nettoyer la chambre et pinçant un sourire:

— Dire qu'on a fait sauter ça sur ses genoux, fermier, fit-il. Et maintenant c'est des grandes jeunesses donc! Son admiration grandissant, il la détaillait complaisamment.

— Et des bras! une poitrine! des yeux! C'est ça qui s'appelle une vraie créature. Ah! si c'était de notre temps! si nous avions le bel âge!

Et il ajouta en secouant la tête:

— J'sais bien ce que nous ferions. Mais, à présent, nous sommes comme qui dirait des Mathieusalem. C'est le tour de nos garçons.

— Bah! dit Hulotte. Tant qu'on a de ça…

Et il se frappa le côté du cœur.

— Non, ce n'est plus la même chose, acheva Hayot, avec une moue.

Il s'était assis, ses jambes allongées devant lui.

Germaine lui offrit de la bière, du vin, des liqueurs, au choix; il hochait la tête, disant non, et à la fin il accepta de déjeuner.

— Pour ça, oui, j'veux bien, là, sans façon. Il y a un petit temps que mon café a passé.

Il était parti à six heures du matin. Il s'était arrêté dans les fermes, à causer d'affaires. On avait bu de l'eau-de-vie et tout cela l'avait un peu affamé. Il racontait son histoire en riant à chacun de ses mots, l'œil pétillant. Et Hulotte flairant une affaire, riait avec lui.

— J'suis bien malhonnête, dit-il quand l'autre eut fini. J'vous demande pas des nouvelles de mame Hayot. Elle va bien?

— Sur son ordinaire. Oui, Dieu merci. À part les rhumatisses.

— C'est une personne d'âge! Elle n'a pas aut'chose que c'qu'ont les autres. L'un a ça, l'aut' a aut'chose. Moi, c'est dans les reins.

Et le dialogue traînait dans des politesses mutuelles, chacun pensant à la possibilité d'un gros gain.

Germaine étendit un coin de nappe sur laquelle elle rangea un pain de froment, une pleine assiette de beurre, la cafetière, le sucrier et une belle tasse à fleurs, claire comme du cristal.

Hayot déjeuna, se défendant encore et ne voulant accepter qu'une tranche de pain; ça suffisait bien; il n'avait pas grand appétit, du reste; et tout en protestant, il entama une seconde tranche, qu'il beurra largement; et celle-là engloutie, il planta ses dents dans une troisième. Tout de même, le pain était fameux; et il complimentait Germaine, en mâchonnant ses bouchées. Il mangea le tiers du pain, râfla tout le beurre et but trois jattes de café, coup sur coup. Après quoi, il passa le bout de la nappe sur sa bouche, avec satisfaction, et se donna de petites tapes dans l'estomac.

— C'est une idée d'être entré, dit-il. Là, je suis fameusement content d'vous avoir vu. On est de bons amis.

Il alluma sa pipe et demanda à voir les bêtes. Hulotte pensa qu'il avait besoin d'un cheval et le mena à l'écurie. Hayot trouva les chevaux magnifiques.

— Je m'suis trompé, pensa Hulotte, y'm'les aurait ravalés.

Il le conduisit à l'étable. Là, le bonhomme montra de la circonspection, examina les vaches l'une après l'autre, sans rien dire, et finalement déclara qu'il en avait vu de plus belles.

— C'est une vache pour sûr qu'il lui faut, pensa Hulotte. Et les mains dans les poches, d'un air indifférent, il lui répondit qu'il y en avait peut-être de plus belles, mais pas de meilleures.

Hayot entrait dans les fumiers jusqu'à la cheville, tâtant les bêtes l'une après l'autre.

La blanche était soufflée, la rousse avait de la langueur dans l'œil, l'isabelle était épuisée par son veau; et quand il arriva à la noire, il haussa les épaules en soufflant dans ses joues. Il regardait le fermier du coin de l'œil.

Ils visitèrent ensuite les porcs. Hulotte ayant ouvert la porte des huttes, les bêtes se mirent à trotter du côté des fumiers, roulant des yeux ahuris, avec des tirebouchonnements de queue; et ils demeurèrent un instant à les regarder s'ébattre en grognant, leur groin rose fouillant sous les pailles activement. Par moments, le pied leur manquant sur le pavé suintant, les porcs s'abattaient dans les bouses, faisaient rejaillir les purins, puis, relevés, continuaient à galoper, leurs fesses charnues secouées de petits tremblements. Hayot s'extasia sur leur belle mine.

— C'est bien d'une vache qu'y retourne, repensa Hulotte, suivant son idée.

Et il mena Hayot successivement au poulailler, au bûcher, au potager, au verger, et de là aux champs.

Le petit homme trouvait tout admirable. Pour un verger, c'était un « fameux » verger. Quant aux pommes de terre, bien, là, vrai! il fallait aller loin pour en trouver d'aussi bien montées. Et comme ils étaient à regarder les luzernes, à un gros quart d'heure de la ferme, il reparla tout à coup des vaches, de la blanche qui était soufflée, de l'isabelle qui était creusée, de la noire qui ne valait pas lourd.

— Chacun son idée, répliqua Hulotte, parfaitement calme.

Une petite pluie fine, qui ne finissait pas, rayait la campagne devant eux, étendant sur les verdures un réseau gris, très léger. Des bubelettes d'eau diamantaient leurs habits, mal protégés par le parapluie que Hulotte tenait au-dessus d'eux. La terre détrempée collait à leurs souliers une boue jaune, épaisse. Et de temps à autre, Hayot passait ses semelles dans les herbes, repris par ses instincts de propreté.

— Fichu temps!

C'est égal. Il ne se repentait pas d'être entré. Loin de là, et il répétait sa phrase, avec componction:

— J'suis ben content de vous avoir vu en bonne santé.

Ils reprirent le chemin de la ferme.

Hayot éprouva le besoin de revoir l'étable. Il alla à la vache noire directement et passa la main sur ses côtes, son ventre, ses jarrets; il regarda ses cornes, ses sabots, son pis; il lui releva le mufle, lui desserra les dents. Puis, se décidant:

— J'la prendrais p't-être ben, si elle n'était pas trop chère, dit-il.

Hulotte se balançait d'avant en arrière, régulièrement. Il avait gardé son air indifférent. Il demanda:

— T'en as envie?

— Envie et pas envie. Ça dépend. Faut voir le prix.

Tous deux se tutoyaient à présent.

Hulotte eut l'air de réfléchir longuement.

— Ben, pour toi, là, parce que c'est toi et rien que pour ça, ben, ça sera sept cents.

Hayot secoua la tête.

— Cinq cents, dit-il après un instant.

— Sept cents, reprit Hulotte.

Le compère frappa son poing droit dans la paume de sa main gauche, de toute sa force:

— Nom de Dio! dit-il, j'veux pas marchander, moi, j't'en donne cinq cent cinquante.

— Ben, moi non plus, j'marchande pas, nom de Dio! Ça ne sera pas sept cents, ça ne sera pas six cent soixante-cinq; ça sera six cent cinquante tout net, J'suis comme ça, moi.

Mais l'autre ne voulait rien mettre au delà de son prix.

— Vrai, Hulotte, en camarade, ça ne vaut pas plus.

Hulotte fit un geste, en homme qui a pris son parti:

— N'en parlons plus. J'garde ma vache. Tu gardes ton argent. Buvons une bouteille.

Ils entrèrent à la cuisine.

La table venait d'être quittée par les domestiques. Des mies de pain traînaient dans les égouttements des verres. Une débandade d'assiettes s'égarait à travers le pêle-mêle des couverts d'étain. Trois chats, hissés sur les chaises, attiraient à eux, du bout de la patte, les morceaux de lard échappés aux fourchettes.

— À not'tour maintenant, fit Hulotte.

Germaine débarrassa la table, mit une nappe blanche raide d'empois et servit un rôti de bœuf superbement doré. Il y avait deux couverts.

— J'vas vous laisser dîner, dit Hayot.

Mais le fermier ne voulait pas: le second couvert avait été mis pour lui; il ne partirait pas, etc. Hayot regardait la belle viande, eut une convoitise et se mit à table, disant:

— Une bouchée, ça n'est tout de même pas de refus.

Tout le rôti y passa. Et régulièrement, il répétait sa phrase, avec une nuance d'attendrissement:

— J'suis content, là, fameusement content.

À la seconde bouteille de vin, il reparla de la vache.

— Pour être un homme, ben! j'donnerai six cents. Mais faut pas m'demander un liard de plus. Ça va-t-il?

Hulotte tenait bon.

— Non. J'nai qu'une parole.

Alors il haussa les épaules, et clignant des yeux du côté de Germaine, s'écria qu'il n'y avait pas moyen de faire des affaires avec un homme aussi exigeant que le fermier.

Cela traîna jusqu'à la tombée du jour. Le cheval avait été remis à la carriole et piétinait devant la porte, dans la pluie qui continuait. Le bonhomme prit son parapluie, l'ouvrit, se carra sur le banc de la voiture. Hulotte se tenait debout à la tête du cheval, souriant de son sourire tranquille. Et du seuil, Germaine regardait Hayot s'installer, regardant en même temps au-dessus de sa tête, au loin, les bois où l'attendait peut-être Cachaprès.

Hayot prenait ses aises, sans se presser. Il retourna la banquette sur laquelle il était assis, se mit à droite, recula à gauche, rajusta les brides, gagnant ainsi du temps. Hulotte se raviserait peut-être, descendrait à six cents, et il dardait sur lui son œil malin, sans tourner la tête. Mais le fermier parlait de la pluie, continuant à maintenir le cheval qui s'impatientait.

Le bonhomme prit une décision, subitement. Il jeta les brides sur le collier du cheval, ferma son parapluie et descendit de la carriole.

— Là, dit-il, j'la prends pour six cent vingt-cinq.

Et il rentra.

Cette fois, Hulotte céda. Il fut convenu que le Cron, un des domestiques de la ferme, ainsi nommé à cause de la circonflexion de ses jambes, conduirait la vache au Trieu. Il passerait la nuit chez Hayot et repartirait au petit jour.

Hulotte déboucha une dernière bouteille, tandis que Hayot tirait d'un portefeuille graisseux six billets de banque et les alignait sur la table. Le reste du compte s'acheva en pièces de cinq francs et en menue monnaie. Hayot comptait à voix haute, lentement. Le fermier donna un reçu.

Alors Hayot se laissa aller à sa joie d'avoir gagne vingt-cinq francs sur le prix de la vache. Il invita Hulotte, ses garçons, sa demoiselle à venir dîner à la ferme le dimanche suivant.

— Tous, faut venir tous! répétait-il.

Hulotte ne promettait pas, mais un de ses fils et Germaine iraient certainement.

Hayot eut une grimace plaisante:

— Mam'zelle Germaine verra mes garçons, dit-il. On n'sais pas ce qu'y s'diront. Mais apparemment y n's'mangeront pas.

Il se tassa dans sa carriole, fouetta son cheval et alla rejoindre sur la chaussée le Cron, qui avait pris les devants avec la vache.

Germaine suivit quelque temps la voiture des yeux, pensant à cette partie qui allait mettre un peu d'imprévu dans la monotonie de sa vie.

XXIII

Il était six heures du matin quand Mathieu Hulotte, le frère de Germaine, attela le cheval à la birouchette. C'était un petit cheval des Ardennes, trapu et épais d'encolure, le poil gris. Le fermier lui avait acheté un harnais presque neuf, à la vente du baron des Audrets; des couronnes en cuivre luisaient sur le cuir verni, le harnais ne servait que dans les circonstances exceptionnelles.

On partit. Elle avait mis une robe claire à pois rouges, et un chapeau rond, garni d'une écharpe de tulle paille, la coiffait. Des mitaines de soie entrecroisaient leurs mailles sur ses mains brunes, ornées de bagues; elle portait sur les épaules une mantille de faille noire, à franges, qui s'échancrait un peu dans le dos. Et toute sa personne avait un éclat frais, heureux.

Ils passèrent devant la maison de la Cougnole. Germaine eut un battement de cœur à la pensée que Cachaprès pouvait être là et les verrait passer: elle redoutait une violence, elle ne savait pas bien quoi ni pourquoi. Mais cette peur se dissipa lorsqu'ils eurent dépassé les maisons. Alors, gagnée par des rêveries, elle se renversa sur la banquette, pensa à des choses vagues qui avaient la douceur du matin dans les bois.

On suivait la grand'route pendant près de deux heures, puis on prenait un embranchement de chaussée à travers les campagnes; cet embranchement menait à la ferme des Hayot. Ils roulaient dans un demi-jour sombre, ayant à chaque côté du chemin des épaisseurs touffues d'arbres. Par moments, une allée débouchait sur le pavé, éclairée d'une lumière intense dans les fonds. C'était comme un éblouissement. Et de nouveau la ligne des bois se reformait, avec ses densités profondes et ses larges épanchements de verdures. Une fraîcheur montait des taillis humides, où les rosées faisaient paraître grises les végétations, avec des luisants froids d'acier. Et cette fraîcheur exhalait des senteurs de fermentation, robustes et saines. Au-dessus de la route, le ciel bleu saphir s'apercevait entre les arbres, se rétrécissant dans l'éloignement.

Le cheval allongeait son trot, allègrement, ralentissant de lui-même aux montées, la tête ballante alors, avec des airs de flânerie. Les mouches commençant à le taquiner, il les fouettait de sa queue, plissait sa peau ou tournait la tête d'un mouvement brusque, tâchant de les attraper d'un coup de sa grosse langue. La montée gravie, Mathieu lançait un hue! et l'ardennais repartait de son pas court et ferme. Ses fers battaient le pavé d'un cliquetis égal qui se mêlait au roulement sourd des roues de la voiture. On ne se pressait pas, du reste, étant sûr d'arriver avant la chaleur. Et ils se laissaient bercer aux cadences des ressorts, secoués tous deux, à travers un engourdissement léger qui les empêchait de parler.

Ils quittèrent la grand'route, attaquèrent la chaussée. Des rangs de peupliers minces filaient le long du pavé rayant le sol blanc de leurs ombres grises. Par delà s'étendaient les campagnes, dans un chatoiement de nacre pâle qui à l'horizon se vaporisait, devenait un brouillard lumineux. Cette chaleur de la plaine au sortir des bois les prit comme une haleine de fournaise. Un peu d'écume moussait sous la sellette du cheval. Des odeurs de vernis échauffé s'échappaient des harnais, s'ajoutant à l'odeur fade des blés. Et dans l'air s'entendait un bourdonnement de mouches, assoupissant à force de monotonie, qui petit à petit dispersait les idées de Germaine, les inclinait à la sensation vague de connaître un autre amour. Une paresse de dimanche appesantissait les villages qu'ils traversaient.

La métairie du bonhomme Hayot se reconnaissait à son air de large aisance. Elle se composait d'un bâtiment à front de rue, qui était la grange; d'un second bâtiment où étaient l'étable et l'écurie; enfin, de la maison d'habitation; et le tout formait un carré au milieu duquel la fosse aux fumiers descendait en pente. Le verger, très vieux, s'espaçait entre des haies de clôtures épaisses de deux mètres, le long de la chaussée. Un noyer énorme étendait au-dessus de la porte d'entrée ses branches saillantes comme des biceps.

La voiture fit le tour de la cour et alla s'arrêter devant la porte de l'habitation. Des canards fuyaient en bedonnant, sous les pieds du cheval, pêle-mêle avec les poules et les pintades. Un large gloussement de peur montait dans le bruit des roues grinçant sur le pavé. Les dindons, ahuris, allongeaient le cou, interminablement. Et un chien de garde aboyait avec fureur, mettant le comble à l'agitation.

Une servante se montra.

— M'sieu Hayot, fit Mathieu.

Il fut obligé de répéter sa question, la fille s'immobilisant à les regarder, la bouche béante, avec la stupeur d'une personne qui n'est pas habituée à de nouveaux visages. Alors elle eut l'air de s'éveiller.

— J'vas voir si c'est qu'il est là, dit-elle, pesant sur les mots.

Germaine regarda son frère, étonnée. Hayot ne les attendait donc pas? La maison était muette. Un peu de ce sommeil qui noyait les campagnes traînait dans le silence du vestibule. Et tous deux attendaient dans la voiture, indécis, n'osant pas descendre, tandis que le petit cheval donnait de furieux coups de pieds au pavé, les naseaux remplis de l'odeur de l'écurie.

Un craquement se fit entendre dans l'escalier. Quelqu'un descendait à pas lourds, s'attardant et toussant. Et Hayot apparut subitement dans la clarté de la porte ouverte embarrassé, souriant.

— Tiens, dit il, mam'zelle Germaine et son frère! C'est ça qu'est bien une fière idée d'être venus!

Il était en bras de chemise, la tête ébouriffée, des bas aux pieds. Il se rappelait à présent les avoir invités, mais il avait fait cela par manière de politesse, sans penser qu'ils seraient venus. Et d'un mouvement machinal, il attachait les bretelles de son pantalon, répétant sa phrase avec des haussements de tête:

— Une fière idée! Oui, tout de même.

Mathieu éprouva le besoin de placer un mot:

— Une chaleur! dit-il.

— Fameuse! heureusement! car il y a du grain c't'année.

— J'vous crois.

Hayot s'habituait doucement. Hulotte d'ailleurs l'avait largement accueilli; on verrait à faire honneur à ses enfants. Il riait à grands coups à présent, s'étourdissant, disant des choses qui n'avaient aucun rapport avec ce qu'il pensait réellement. Et comme ils ne descendaient pas, il se décida.

— Ben! descendez donc! J'vas dire à la mère que vous êtes là.

— C'est pas la peine, fit Germaine, vexée. Du moment qu'il y a du dérangement…

Une impatience gonflait sa lèvre. Elle se tourna vers son frère, comme pour lui commander de repartir. Mathieu, bon enfant, hésitait. Alors Hayot, pris d'un remords, s'attacha aux brides du cheval.

— Du tout! Hé, non! Faut que vous restiez! Nom de Zo!

Et vivement il défit les traits. Mathieu parut consulter sa sœur d'un regard. Elle haussa imperceptiblement les épaules et se leva de son siège.

— Hé! Mathieu! Donat! Hé! cria Hayot, arrivez donc aider la demoiselle aux Hulotte qu'est là!

Mais elle avait sauté à terre, déjà. Personne ne répondant, le fermier feignit une colère.

— Ah! les garçons! mam'zelle Germaine! C'est toujours par quatre chemins!

Mathieu remisait la voiture sous le hangar. Le petit ardennais se sentant libre, s'était dirigé vers un tas de luzernes et broyait les verdures avec gourmandise. Dans l'écurie, les têtes des chevaux s'allongeaient, immobiles, à regarder cet intrus.

Hayot alla prendre la bête par la bride, fit reculer les croupes, et lui ayant passé un licol, versa dans l'auge un plein tamis d'avoine.

— D'abord les bêtes, et puis les gens, fit-il en revenant vers Germaine.

Et cette fois, il la poussa résolument dans la maison. Il offrait de la bière, du vin, du café, tout ce qu'elle voulait. Elle finit par accepter un peu de groseille dans de l'eau. Il la servit lui-même, puis les laissa, sous prétexte de passer ses souliers.

La chambre était vulgaire et sans coquetterie. Il était facile de voir qu'une main de vieille femme touchait seule aux objets dans la maison. Des chaises à fond de paille étaient alignées contre le mur, tapissé d'un papier de tenture décollé par l'humidité le long des plinthes et éraflé par le dossier des chaises, un peu plus haut. Un paravent s'encadrait dans les montants de la cheminée, avec une peinture représentant un ours blanc se préparant à fondre sur deux chasseurs. La cheminée était moderne, en bois imitant le marbre, et elle avait pour ornement une glace à bordure de palissandre, une pendule en zinc bronzé et deux coquillages énormes, étalant leur valves rouges comme des entonnoirs. Une table recouverte d'un tapis de toile cirée, une armoire à linge peinte en rouge, une autre armoire-buffet en acajou, chargée de vaisselle, complétaient l'ameublement.

Ils regardaient les coquillages, le paravent, la glace, leurs mains posées sur leurs genoux, sans rien dire. Le même silence continuait à régner dans la maison. Et tout à coup ils entendirent un bruit de discussion qui venait de l'étage. Ils reconnurent la voix du fermier, et une autre voix lui répondait, avec aigreur. Cela dura quelques instants, puis Hayot descendit.

Il avait mis une veste de coton à rayures bleues et grises, toute raide d'amidon, avec des luisants de repassage dans le dos et aux manches, et il se frottait les mains, l'air gai.

— Les garçons sont chez Machard, dit-il. J'vas leur faire dire de venir. Vous connaissez bien les Machard?

Ils les connaissaient sans les connaître.

Il cligna des yeux et continua:

— J'vas vous dire. Les Machard sont à leur aise. Même Josèphe, leur fille, elle Joue du piano. Et comme ça, mon second, Donat, a fait sa connaissance. Une belle personne. Dans votre genre, mam'zelle Germaine. Et p't-être qu'y aurait du nouveau d'ici à Noël.

Mais il y avait trois garçons. Les deux autres n'avaient pas encore trouvé de personne à leur goût. Et il termina par une galanterie;

— Y' n'vous connaissaient sûrement pas, mam'zelle Germaine.

Il leur offrit de leur montrer les vaches. Celle qu'il avait achetée à leur père était arrivée saine et sauve. Si c'était à refaire cependant, il ne l'achèterait plus. Enfin, ce qui est fait est fait. Et tout en disant ces choses, il les conduisait à l'étable et de là à l'écurie. Debout sur le seuil, il tapa sur l'épaule de Mathieu:

— Que dis-tu de mes chevaux, garçon?

Il y en avait cinq, de belle encolure, bruns, à reflets de satin. Mathieu allait de l'un à l'autre, les chatouillant au ventre et leur tapant sur la fesse. Et Hayot le suivait de son rire et de ses: « Ah! ah! garçon! N'y en a pas de pareils. »

Comme ils allaient sortir, des talons heurtèrent le pavé de la cour, et Germaine vit venir à elle les trois garçons du fermier.

— Arrivez donc! cria Hayot. C'est la demoiselle à Hulotte!

Et il les présenta.

— Celui-ci, c'est mon aîné, Hubert.

Elle eut un petit mouvement. Cachaprès aussi s'appelait Hubert. Et elle le regardait avec curiosité, trouvant de la singularité à ce rapprochement.

— Celui-là, c'est mon second, Donat. Et ce p'tit-là, c'est mon Fritz!

Il les montrait de sa main ouverte, allongeant le bras à chaque présentation, avec orgueil. Germaine hochait la tête, montrant ses dents dans un rire embarrassé. Hubert ôta sa casquette d'un coup sec et la tint à la main, derrière son dos, avec aisance. Fritz, très troublé, rougit jusque dans ses cheveux couleur de chanvre, retira son cigare et le remit en bouche du côté du feu, ce qui lui fit faire un haut-le-corps. Le rire de Germaine s'acheva dans un pli malicieux.

Ils rentrèrent tous ensemble à la maison. Mme Hayot avait fait ranger sur la table le service à café et les attendait. C'était une femme petite et sèche, la figure jaune, avec des langueurs dans les yeux.

Elle les reçut en se lamentant:

— Faites pas attention à moi. J'suis rien dans la maison. Le fermier fait tout à son idée.

C'était sa faute à lui, non la sienne, s'ils étaient si mal reçus; Hayot ne l'avait pas prévenue de leur arrivée. Il voulut l'interrompre. Elle répliqua.

Les deux aînés s'interposèrent alors. Ça n'allait pas recommencer, hein? Et, avec une brusquerie mal retenue, ils obligèrent leur mère à s'asseoir à la table.

Germaine devina le rôle effacé de cette femme dans la maison et la tyrannie sourde, constante du mari. Hubert s'était mis à côté d'elle et lui parlait, la joue fendue d'un large sourire immobile.

Elle fut étonnée de la douceur de ses gestes et de sa voix. Il affectait des formes polies et dans la conversation étalait un choix de mots qui donnait l'idée d'une éducation supérieure. Il était grand, avec des épaules retombantes, robuste, du reste, ce qui se voyait à ses jarrets nerveux et à ses larges mains qu'il tenait ouvertes, à quelques pouces des jambes. Et Germaine était par moments troublée par elle ne savait quoi d'énigmatique qu'il y avait dans ses allures et son regard. Hayot l'admirait tout haut.

— Un fier gaillard! Et instruit! Il sait répondre à tout, lui! Il parlerait au roi.

Hubert balançait la tête, avançait la bouche avec une modestie jouée.

— Ne le croyez pas, Mademoiselle.

Son père exagérait; il n'était pas si savant que cela; mais le fermier insistant, ce fut comme une joute de compères, chacun jouant un rôle appris.

Il fut décidé qu'ils iraient tous ensemble à la grand'messe, Hayot donna le signal du départ en faisant sauter son chapelet dans sa main. Et ils partirent, Hubert et Germaine en avant, les deux autres garçons sur le même rang que le père et la mère. Fritz avait rabattu sa casquette sur ses yeux, pour mieux voir se balancer devant lui les hanches de cette étrangère. Il avait une tête sournoise, sur laquelle se peignait une malice vicieuse de jeune singe.

— Notre mère est un peu difficile quelquefois, dit Hubert. Il faudra l'excuser. Elle est très tourmentée par ses rhumatismes.

Et il ajouta des considérations sur l'influence des maladies.

Germaine l'écoutait, charmée des tours qu'il choisissait pour lui parler. Et brusquement, elle lui fit une question candide:

— Où avez-vous appris tout ça, m'sieu Hubert?

Il se mit à rire.

— Mais je ne sais pas; au collège, dans les livres. Je lis beaucoup.

— Oh! moi, je voudrais bien, mais je n'ai pas le temps.

Elle parlait posément, évitant les mots de patois et pinçant un peu les lèvres.

Il lui fit une confidence.

— J'ai failli entrer au séminaire. J'aurais été curé.

Elle ne put retenir une exclamation.

— Vrai?

Et elle se tourna vers lui, le regarda hocher la tête de bas en haut, en souriant, les yeux baissés.

C'était peut-être cela, ce vague indéfinissable de sa personne. Elle eut un sourire en pensant à la soutane qui lui serait entrée dans les jambes, comme une robe. Il devina sa pensée et répondit d'un ton dégagé:

— Oh! ça ne m'aurait pas été! J'aime à rire, moi.

Ils pénétraient justement dans l'église. Il ouvrit la porte et s'effaça pour la laisser passer. Elle le remercia d'un plissement de bouche. Un bruit de chaises remuées se prolongeait sur les dalles, tout le monde cherchant à se placer à la fois. Puis le chuchotement du prêtre à l'autel s'entendit parmi le froissement des chapes; le service commençait. Germaine tira son livre d'heures. Elle lisait, distraite, considérant par moments du coin de l'œil Hubert, assis à côté d'elle. Cet homme, qui avait failli être prêtre, l'impressionnait comme une bizarrerie. Il avait gardé de cette vocation première une onction vague, un ton caressant et voilé; et une comparaison s'établissait dans son esprit entre l'autre Hubert et celui-ci. Le fils de Hayot était bien plus doux.

Ils rentrèrent à la ferme vers midi. On avait mis cuire un énorme gigot de mouton, au thym et au laurier. Le gigot fut précédé d'une soupe aux herbes odorante et grasse. Puis il y eut une surprise, qui dilata les yeux.

La fermière avait préparé une pleine terrine de riz au lait, toute jaune d'œufs. De temps en temps, Hubert descendait à la cave et en rapportait une bouteille de vin poudreuse. On buvait aussi une petite bière aigre, qui crevait en bubelettes au bord des verres. Donat se déridant, contait des histoires, et Fritz continuait à dévorer des yeux Germaine en coupant des bouchons en croix avec la lame de son couteau. Une rougeur montait aux visages, tranchant crûment sur la blancheur des cols de chemises.

XXIV

Hubert, assis près de Germaine, était plein de prévenances. Il lui parlait avec douceur, de sa voix sourde qui traînait un peu par moments. Et tout en l'entretenant, il lui remplissait son verre, chaque fois que celui-ci se désemplissait. Elle affectait des manières pour lui ressembler, relevait son petit doigt en buvant son vin, il lui répondait avec une nuance de minauderie. Le fermier s'égaudissait de les voir si bien ensemble, et prenant Mathieu à partie, lui disait:

— C'est une fameuse idée d'être venu nous voir, garçon?

Le café s'allongea jusqu'au milieu de l'après-midi; des fumées de cigare remplissaient la chambre. Alors quelqu'un proposa une promenade; il y avait justement un joli bois, à vingt minutes de la maison.

On sortit en bande.

Cette fois, Hayot, ses garçons et Mathieu Hulotte avaient pris les devants: Germaine et Hubert marchaient un peu en arrière. Et à mesure qu'ils approchaient du bois, cette distance s'accroissait. Ils longeaient des champs de blé. Parfois des coquelicots, des bluets, des marguerites criblaient de paillettes éclatantes les nappes d'or pâle noyées dans l'azur diamanté du ciel. Il s'arrêtait, entrait dans les blés, lui cueillait des fleurs. Elle les ajoutait l'une à l'autre, jusqu'au moment où toutes ensemble prirent la grosseur d'un bouquet. Alors elle les porta à ses narines, y plongea largement son visage, en fermant à demi les yeux. Et il continuait à l'accabler de mots caressants, à double entente, sans se compromettre.

Hayot ayant un peu pressé le pas pour mieux les laisser « à leur affaire, » il arriva qu'ils perdirent de vue le groupe au milieu duquel le bonhomme gesticulait. Germaine témoigna une crainte: on ne pourrait plus les joindre; il la rassura:

— Oh! je connais le chemin; nous les aurons vite rattrapés.

Ses lèvres tremblaient; une hésitation s'était peinte sur sa figure. Mais subitement décidé, il lui toucha le bras du bout des doigts.

— Mademoiselle Germaine, je suis bien heureux.

Elle le regarda, attendant ce qu'il allait dire, un peu émue aussi; et il souriait, sa tête penchée sur l'épaule.

— Oui, bien heureux d'être seul avec vous. Ne me croyez pas si vous voulez. Mais c'est comme je dis, là, le cœur sur la main.

Sa voix cadencée et lente la charma comme une musique. Elle baissa la tête, sentant un flot tiède lui passer dans les joues, et se mit à lutiner les fleurs de son bouquet, d'un geste vague, qui avait la douceur d'un encouragement.

— Vrai, m'sieu Hubert?

Il se rapprocha, coula les doigts le long de ses poignets, cherchant sa main; et elle la lui abandonna, ayant l'air de penser à autre chose.

— C'est comme de la soie! murmura-t-il au bout d'un instant, en remontant jusqu'aux poignets, qu'il chatouilla.

— On me l'a déjà dit.

Et elle riait, avec de petits frissons de toute sa personne, étant sensible aux chatouilles.

Puis les mains lentement s'emboîtèrent et, côte à côte, balançant leurs bras d'un mouvement enfantin et continu, ils se laissaient aller à des sentimentalités niaises. Elle se rappela avoir ainsi couru les petits sentiers des bois avec Cachaprès, et les yeux demi-clos sur ces souvenirs, elle éprouvait une satisfaction indéfinissable à les tromper tous les deux. Le Hayot arrivait à point pour rompre la régularité de ses amours avec l'autre; les doigts dont il la caressait mettaient dans sa vie, devenue monotone, une surprise d'infidélité.

— Les v'là! crièrent tout à coup des voix.

C'étaient le fermier et les garçons qui les attendaient, assis à l'entrée du bois. Des malices faisaient pétiller les yeux du vieux. Il était possédé du désir de marier richement ses enfants et un mariage avec la demoiselle à

Hulotte s'ébauchait dans son cerveau, comme une chose profitable et naturelle.

On fit tous ensemble le tour du bosquet, propriété d'un banquier dont la maison de campagne, hérissée de tourelles, s'élevait un peu plus loin. Une couche rougeâtre de brique pilée recouvrait le milieu des allées, qui serpentaient à travers des massifs de verdure, régulièrement taillés, avec des percées en plusieurs endroits, pour ménager la vue sur le château. Une des allées passait sous un pont rustique fait de blocs de pierres entassés, auxquels le lierre avait accroché de lourdes draperies sombres. Des gazons coupés ras et pareils à une peau de bête tondue, déroulaient sous les arbres un vert profond qui, par places s'allumait de reflets clairs.

Un respect les prit devant cette belle symétrie bourgeoise de la nature; machinalement, Hayot baissa le ton de sa voix, comme s'il eût pénétré dans une église, et il raconta l'histoire de ses relations avec le banquier. Un homme, tout rond, malgré ses millions, et qui causait aux gens tout comme à des pareils. Le bois n'était pas public d'ailleurs, mais lui, Hayot, avait la permission d'y entrer quand bon lui semblait; et il finit par donner des détails sur la domesticité du château.

Ils s'arrêtèrent longtemps devant le pont rustique, qui était réputé une des merveilles du pays, et Hubert en détailla les beautés à Germaine avec complaisance, trouvant là matière à phraser. Ils firent une centaine de pas et débouchèrent devant un escalier en grès qui conduisait à un temple antique. Alors ce fut une admiration universelle. Comme il y avait des statues nues jusqu'à la ceinture, dans des niches, aux deux côtés du portique, Hubert expliqua avec des sourires l'habitude qu'on avait de ne pas s'habiller dans les temps reculés.

— On me l'avait dit tout d'même, fit Germaine, dilatant ses yeux.

Et quelqu'un ayant lâché une plaisanterie, tout le monde éclata de rire.

— Chut! môssieu pourrait être là, dit Hayot avec prudence, en les éloignant.

Et ils reprirent le chemin de la ferme, à petits pas, les garçons pensant aux rondeurs excitantes des marbres.

De retour chez les Hayot, Mathieu tira l'ardennais de l'écurie et l'attela à la voiture. Mais le fermier ne voulut pas les laisser partir sans les régaler d'une dernière bouteille; son expansion grandissait à mesure que l'heure du départ approchait.

— Moi, j'suis comme ça, mam'zelle Germaine. Le cœur sur la main. Et rond comme une pomme. Vous n'avez qu'à parler.

On but la bouteille à la santé de Germaine, la plus belle personne que Hayot eût jamais vue; et ils se tenaient debout les uns devant les autres, les verres dans les mains, avec un peu de solennité. Hubert n'étant pas là, la conversation traînait. Germaine recommandait à Mme Hayot sa couturière, une personne bien raisonnable; et elle retroussa le bas de sa robe pour montrer les garnitures.

Les fers d'un cheval sonnèrent sur le pavé. Elle tourna la tête et vit, à travers la fenêtre, Hubert en train de serrer les courroies de la selle, sa cravache sous le bras. Une cravate verte qu'il s'était passée au cou faisait une tache éclatante sur son costume gris, bouffant dans le dos.

Puis, Mathieu rentra, et ne voulant pas quitter la ferme sans un remercîment:

— M'sieu Hayot, dit-il, c'est bien de l'honneur que vous nous avez fait. Je le dirai chez nous.

— Quand il vous plaira, garçon, répondit le fermier en lui secouant les mains. Et bien des compliments au fermier.

Germaine avait pris place dans la voiture. Elle tapotait ses jupes du plat de la main, regardant du coin de l'œil Hubert, qui empoignait la crinière de son cheval, un pied dans l'étrier; et tout à coup, il s'enleva, criant:

— Je vous accompagne.

On échangea des poignées de main. Hayot bavardait, laissant déborder un flux de choses amicales, sans en penser un mot; et toutes les voix se mêlaient, faisaient un brouhaha dans l'assoupissement du soir qui tombait. Fritz contemplait à la dérobée un coin de bas blanchissant sous la robe de Germaine. Puis Mathieu, prenant les guides, fit claquer sa langue, et la voiture détala, suivie de près par le cheval de Hubert.

Ils gagnèrent la route.

Au-dessus des campagnes, le soleil s'arrondissait rouge comme de la braise. Des plaques de pourpre sombre traînaient sur les carrés de blé immobiles Un brouillard de vapeurs s'élevait de l'horizon. Et lentement le soleil entra dans un large submergement crépusculaire, s'assombrissant par le bas, tandis que le haut du disque continuait à brûler. Puis toute la plaine eut l'air de se noyer dans une mer grise qui finissait par confondre les arbres, les terrains et les maisons.

Le roulement de la voiture soulevait sur le chemin de légers nuages de poussière qui montaient derrière eux et flottaient un instant dans le soir, avec les senteurs âcres mêlées à l'odeur des haies. Hubert trottait à la droite de l'attelage, un poing sur la hanche, les jambes tendues, cinglant par moments le ventre de sa bête de la mèche de sa cravache. Quand le chemin se rétrécissait, il se rangeait, laissait passer la voiture, et Germaine, en tournant à demi la tête, voyait sa cravate verte se hausser, s'abaisser à chaque retombée sur la selle.

Il posait sur elle des yeux chargés de langueur, de dessous ses paupières plissées et la tête un peu penchée sur l'épaule, quelquefois soupirait. Sa voix, qui était grêle, étouffée dans le cliquetis des fers battant le pavé, n'arrivait pas toujours aux oreilles de Germaine ou bien lui arrivait par morceaux, avec des galanteries décousues. Il l'appelait de son petit nom; elle l'appelait Hubert.

À la bifurcation des routes, au moment de prendre la chaussée qui s'allongeait à travers les bois, elle voulut l'obliger à retourner. Mais il insista pour les accompagner jusqu'à la maison de la Cougnole Là, il rebrousserait chemin.

Elle eut un mouvement, l'entendant prononcer ce nom.

— Vous la connaissez?

— Sans la connaître. Elle est venue dans le temps à la ferme, pour une vache.

— Ah!

La nuit s'accroissait sous les arbres. Une obscurité grise s'étendait le long du pavé, comme une marée qui plus loin grossissait, emplissait déjà les taillis; et à travers les verdures, un ciel clair s'apercevait, remué par le tremblement des étoiles. Leur chair se mêlait à l'ombre, comme une pâleur de moment en moment envahie par une pâleur plus grande. Alors le noir enhardit le fils du fermier; il lui demanda des espérances, d'une voix qui devenait pressante; et, un peu allongée dans la voiture, le corps à demi tourné vers lui, elle laissait pendre sa main par dessus le garde-roues, les sourcils hauts, demeurant songeuse, sans rien lui répondre. Cela serait drôle s'il l'épousait un jour! Et une idée confuse de devenir la femme de cet homme s'ébaucha en elle. Il était temps, du reste, de prendre un parti; cette liaison avec l'autre ne pouvait s'éterniser; cela finirait par se savoir.

Elle l'enveloppa d'un regard rapide, comme pour se rendre compte de l'avenir qu'il lui réserverait. À la vérité, il n'était ni laid ni beau, mais il avait dans les prunelles un velouté caressant et comme un charme humide qu'elle se rappelait avoir vus chez des gens d'église. Il lui avait dit sa haine des cabarets; jamais il n'y allait, ni aux kermesses; et la fragilité de sa vertu lui rendant la sagesse plus chère, elle se réjouissait à l'avance de posséder un mari rangé, qui lui ferait goûter des joies régulières. Puis, cet homme parlait comme un livre, et elle l'admirait, sentant toutefois entre elle et lui une gêne sourde, inexplicable.

Il insista, se pencha sur sa selle, garda sa main entre les siennes. Et ils firent une centaine de pas, leurs doigts enlacés, silencieux tous les deux. Mathieu, lui, balancé sur la banquette, feignait de ne rien voir, en frère complaisant qui sait qu'un peu de complicité est nécessaire pour l'accomplissement de certaines choses.

Tout à coup, derrière eux, une forme noire se détacha du taillis, et, debout sur le bord de la chaussée, un homme regarda dans la nuit.

XXV

Il y avait deux jours qu'il l'attendait éperdument, allant de la ferme à la maison de Cougnole, avec un désespoir sombre de sentir se relâcher le grand amour d'autrefois; et, comme une bête blessée, il s'était couché sur le bord de la route, saignant sous la paix profonde de la lune. Entendant rouler une voiture, il avait avancé la tête; et, subitement, comme une vision, elle avait passé.

Sa chair à lui, Cachaprès! Sa Germaine! Elle venait de passer là, sa face presque collée à celle d'un homme! Elle! Elle!

Il s'était levé d'un bond, étourdi d'abord, pris d'une stupeur, sentant tout tourner autour de lui, ne sachant plus s'il existait, si cette apparition brusque de Germaine n'était pas une illusion de ses yeux, s'il fallait demeurer là ou bien frapper. Puis, le fait s'était précisé dans son cerveau, et une certitude l'avait envahi, nette, foudroyante. Germaine le trompait avec cet homme: la voiture qui roulait là-bas emportait leurs tendresses; peut-être leur chair remuait-elle encore du frisson des baisers.

Et lui, bête, l'attendait les jours et les nuits! Alors, dans un large éclair de mémoire, il se revit avec elle, dans la petite maison du bois! et tout d'une fois les longues heures qu'ils passaient ensemble au commencement, puis petit à petit les rendez-vous plus courts, auxquels elle arrivait, ennuyée, bâillant, défaillante, tandis qu'il serait demeuré des éternités à la caresser, lui revinrent à la pensée.

Une colère, mêlée de détresse, tordait ses traits, avec la grimace furieuse d'un masque. Sa cervelle dansait dans son crâne, martelé comme par un pilon; et ses larges dents enfoncées dans sa lèvre dégouttante de sang, il sauta sur le chemin, rêvant de lui arracher la gorge à coups de dents.

La voiture n'était plus qu'un roulement confus dans l'éloignement; mais ses jarrets, ressorts merveilleux, avaient l'élasticité des bêtes faites pour la course, et il bondissait du train forcené des meurtriers. La tenir dans ses mains, la broyer sur le pavé, la rouler dans la poussière, ses poings dans ses cheveux, passaient en rouges frissons dans ses moelles comme des jouissances éperdues, et il allait au massacre par une pente irrémédiable, comme l'eau va aux citernes et la créature à la mort.

Tout à coup, l'immensité de sa haine l'épouvanta: près d'atteindre sa proie, il recula, eut peur du fauve qui grondait en lui; et aussitôt sa force croula, comme un homme à qui on a coupé les jarrets d'un coup de faux.

Alors, devenu faible et tremblant, il se mit à suivre de loin cette voiture qui venait de passer à travers sa vie, faisant un immense écrasement de tout le passé vivant dans ses entrailles! Que n'avait-elle broyé ses os et répandu, comme une boue morne, sa cervelle sous ses roues inapitoyées! Il aurait eu la mort heureuse des chiens, des ivrognes, de ce qui crève à ras des pavés!

La tache sombre que faisait l'attelage dans la profondeur eut l'air de s'immobiliser; une gaieté bruyante de gens heureux monta sous bois, dans le silence du soir, puis s'étouffa, traînant dans les adieux. La voiture avait stopé. Et ses oreilles, résonnantes comme des puits, avec un brouhaha sourd au fond, croyaient percevoir des mots tendres, sortis brûlants des poitrines, les mêmes qu'elle lui disait à lui, au temps des joies.

Brusquement, la voiture continua de rouler, s'enfonçant dans les lointains de la chaussée, et sur ce grondement diminué se détachait le galop d'un cheval battant la route de la retombée rhythmée de ses sabots.

Le galop grandit. Bientôt, dans la nuit grise, une silhouette massive apparut, étoilée du brasillement d'un cigare, dans un tourbillon d'haleines.

D'un bond, Cachaprès fut à la bride du cheval.

À bas! hurla Hubert Hayot en levant sa cravache.

Le cheval se cabra, la bouche et les dents broyées par cette main de fer pendue au mors, et il essayait de se dégager par des coups de tête saccadés, en reculant du côté du taillis. Cachaprès, obéissant à ses mouvements, reculait avec lui, sans opposer de résistance, toute son attention concentrée sur cette face blême, penchée pardessus sa tête. Et de ses immobiles prunelles dilatées, faites aux guets nocturnes, le cou tendu, horriblement calme, il le regardait, sentant monter dans sa mémoire des souvenirs confus.

En ce moment, un coup de pommeau lancé à tour de bras rebondit sur son crâne. Un second coup lui brûla les yeux comme un tison, et il para le troisième qui lui eût fendu le nez. En un instant, le sang lui péta du front, des oreilles et de la mâchoire, ruisselant jusque dans ses dents. Dressé sur ses étriers, avec un geste d'assommeur, le fils du fermier Hayot frappait de sa cravache à grandes volées.

L'autre, une minute oscillant, d'un élan se haussa jusqu'à lui.

Hubert, alors, se cramponna à la crinière de sa bête, qui, râlante, les naseaux déchirés, fit quelques pas, et tout à coup se mit à tourner, prise d'un tremblement qui lui abattait ses jambes sous elle.

Il vociférait:

— Canaille! Lâche-moi, ou je…

Il n'acheva pas: un poing à déraciner un roc s'était abattu sur son menton qui pantela, fracassé, tandis qu'une voix sourde grondait:

— Tais ta gueule!

Cachaprès s'était accroché à ses reins et lui donnait des secousses furieuses, comme un bûcheron acharné à une souche et qui la fait osciller pour l'arracher de la terre. Puis, brusquement, se ramassant, il lui agrafa le cou de ses deux mains et l'entraîna sous le poids de son corps. Ils roulèrent dans la poussière.

De minute en minute les pouces du terrible vainqueur se rapprochaient, entrant un peu plus dans la chair, et Hubert se sentait étranglé sans hâte, avec une lenteur calme, la gorge déjà sibilante et les stupeurs de la mort dans l'œil. Alors, maté, il eut un aboiement rauque, qui suppliait; et rappelé à lui par ce cri étouffé d'agonie, Cachaprès desserra ses doigts d'un geste machinal. Puis, les genoux sur son estomac, collant à ce visage crispé son grand visage douloureux, il examina l'homme comme il l'avait étranglé, d'un effort lent, continu, qui, petit à petit, débrouillait ses souvenirs.

— Je t'remets, dit-il à la fin; t'es le fils au fermier du « Trieu! »

Piteusement, le garçon remua la mâchoire, pendant que, ruminant des songeries, son ennemi semblait oublier sa présence. Et de nouveau, le silence recommença, d'autant plus écrasant dans la sérénité du soir, avec leur souffle pareil à celui de deux bœufs haletants. De la poitrine de Cachaprès, comme d'une forge, s'élevèrent soudain des gémissements inarticulés: une question montait à ses lèvres, et il la retenait, comme si sa vie y avait été attachée. Cela éclata:

— T'es son galant, dis?

Les yeux de Hubert s'élargirent; il ne comprenait pas:

— À qui? râla-t-il.

Les redoutables mains, dont il avait éprouvé la rudesse, retombèrent comme des masses sur ses épaules, et il s'entendit répondre:

— À la grande brune, donc!

Un étonnement profond lui fit hausser les sourcils; et il demeurait sans parler, sentant poindre au bout de ses conjectures une possibilité vague que cette Germaine Maucord ne fût pas étrangère au motif de l'agression.

Lui, s'impatientant, répétait:

— Voyons… sans coïonner… l'es-tu?

Et, comme des crampons enfoncés par le marteau, ses doigts s'étaient replantés dans les chairs du cou.

— Lâche-moi, gémissait Hubert.

— Dis… L'es-tu!

Un « non » siffla.

— Jure un coup, commanda Cachaprès.

— Bien, oui!

— Sur le bon Dieu.

— Oui!

— Sur t'père.

— Sur mon père!

— Sur t'mère.

— Sur ma mère!

— D'abord que c'est ainsi, lève-toi.

Moulu, les reins brisés, éprouvant une peine insurmontable à remuer la tête, Hubert Hayot se releva lentement, d'abord sur un genou, puis sur l'autre, et ses mouvements avaient une gaucherie honteuse, mal déguisée sous une indifférence apparente. À présent qu'il avait échappé à son étreinte, il aurait voulu trouver un couteau, une fourche, une arme quelconque pour tuer cet homme, dont il n'aurait pu venir à bout autrement. Des idées de vengeance traversaient sa cervelle. Et il ramassa son chapeau écrasé, évitant de montrer son visage bouleversé par la haine.

Cachaprès, au contraire, rasséréné, éprouvait une envie d'être généreux et bon. C'était plus que de la joie qu'il éprouvait. Germaine n'avait de galant que lui; cet homme avait juré sur la vie de sa mère et de son père qu'elle ne lui appartenait pas.

Et devant cette certitude, il eut regret de sa violence:

— J'ai p't-être été un peu vif, se dit-il.

Penaud, il tourna la tête et chercha le fils des Hayot, pour tenter une réconciliation.

Il avait disparu.

Le gars demeura un instant à songer. Après tout, c'était de sa faute, à ce grand losse; s'il s'était contenté de galoper près de la voiture, rien ne serait arrivé. Et il remua les épaules comme pour se débarrasser d'une pensée obsédante; mais elle revint l'assaillir. Qu'est-ce qu'il adviendrait? C'est que le rossé chercherait à se venger; il ferait retomber la faute sur Germaine et raconterait qu'elle avait une liaison. Cela les perdrait tous les deux.

Alors il se mit à courir.

Il était décidé à tout: il le supplierait, lui ferait croire à un acte de démence, s'abaisserait à des platitudes.

Peine perdue: il le pourchassa pendant vingt minutes et ne le revit pas. Comme il s'arrêtait, il entendit au loin le galop d'un cheval.

Hubert Hayot avait retrouvé sa bête broutant l'herbe à l'entrée d'un taillis, et il l'avait enfourchée, ayant hâte d'arriver et de divulguer le guet-apens dont il avait été victime.

XXVI

Le lendemain matin, P'tite, l'enfant aux Duc, vint à la ferme.

Cachaprès l'avait chargée d'une commission pour Germaine, avec mystère, et elle avait couru à travers ronces et souches pour arriver plus vite; un peu de sueur perlait à sa nuque. Elle entra dans la cour, furtive, l'œil aux aguets, glissant sur le sol comme une rate. Un homme étant là à repasser une faulx, elle se cacha derrière un tas de fourrages, près de l'étable, et repliée sur elle-même, attendit qu'il fût parti. Elle vit passer une grosse fille rouge, balançant à ses bras des sceaux de lait, et cette blancheur écumante tiraillant ses yeux, elle la regarda osciller dans la pâleur de l'air, tant qu'elle put. Puis elle se reprit à scruter les fenêtres, le renfoncement des portes, les coins de la cour, n'osant pas avancer, à cause de la prudence que lui avait recommandée le braconnier.

Un désir furieux de voir cette Germaine tendait son cou sur ses épaules sèches; mais aucune des figures qui traversaient la cour ne ressemblait au portrait qu'il lui avait fait d'elle; et, sans bouger, aplatie contre le mur, comme une bête qui se tapit, elle guetta toute une heure. À la fin, une grande fille brune sortit de la maison; sûrement, c'était elle; l'enfant quitta sa cachette.

Germaine, entendant un claquement de pieds sur le pavé, se retourna et aperçut la maigre fillette qui la regardait de ses yeux immobiles, mordillant entre ses dents, sans rien dire, un bout de mouchoir noué autour de son cou.

L'enfant la dévisageait, colère, oubliant la commission qui l'amenait en sa présence.

Alors que les Duc n'avaient rien vu, ce petit cœur farouche avait deviné pourquoi leur fieu se faisait rare chez eux. Quelque chose l'avait avertie de la rivalité d'une amie plus puissante à le retenir qu'eux trois ensemble. Et, dès le premier moment, elle l'avait détestée.

Cette semence de haine avait grandi: c'était à présent une rancune irrémissible, traversée de rêves de vengeance sourde.

Plus d'une fois, elle avait suivi Cachaprès dans la forêt, sournoisement, s'attachant à ses pas, avec l'espoir tenace de voir surgir des taillis une face rieuse de femme. Oh! elle eût donné le petit doigt de sa main pour la connaître! Mais, rien: les taillis n'avaient pas livré leur secret; elle avait dû rentrer ses rages. Et, enfin, l'occasion se présentait; elle l'avait sous les yeux, cette créature qu'elle eût voulu dépecer avec ses dents. De dépit de lui trouver une peau lisse, dorée comme le soleil, son petit mufle se crispait. Pourquoi, comme la Duc, n'avait-elle pas la chair râpeuse et noire, le ventre plat, les yeux éraillés? En outre, sa stature était haute et forte, et elle se rappelait une histoire qui lui était arrivée.

Un jour qu'elle était dans la forêt à ramasser des feuilles, une dame avait paru dans le chemin, habillée de velours, avec des découpures blanches qui mettaient sur sa robe des dessins de givre et qui étaient de la dentelle. On était aux derniers jours de l'automne: la dame marchait dans un rayon de soleil et toute sa personne reluisait comme la statue de la Vierge peinte en bleu et blanc, dans la chapelle de la Trinité, à une lieue des Duc.

P'tite était demeurée sur place, les mains en l'air, la regardant passer, très convaincue que c'était la sainte Vierge elle-même. Une voiture suivait, attelée de deux chevaux, avec deux grands domestiques qui avaient de l'or au chapeau, et doucement la dame et les chevaux s'étaient enfoncés dans la profondeur, du pas lent des visions.

Il lui sembla très nettement que Germaine avait quelque chose de la belle dame. Elle admirait, rageuse, avec une férocité dans les yeux.

Germaine s'impatienta.

— Ben, quoi? Qui es-tu?

La garçonne, sans cesser de mordiller son mouchoir, mâchonna quelques mots.

— Hein? fit Germaine en baissant la tête.

Elle avait cru distinguer un nom.

L'autre parla clairement, cette fois. Elle lui dit qu'elle était envoyée par le braconnier; il était dans le bois; il voulait la voir immédiatement. Et tout en parlant, elle avait sous ses sourcils rebroussés des regards aigus comme des pointes de couteau.

Germaine haussa les épaules, avec dépit; puis ayant réfléchi, répondit:

— Tu lui diras que j'peux pas. Non, j'peux pas, c'est bisquant. Ça sera pour une autre fois.

Elle portait ses regards autour d'elle, de crainte d'être surprise, et lui parlait bas, un peu penchée. Subitement elle vit ses méchants yeux noirs flamber comme des tisons, avec un mélange indéfinissable de plaisir et de colère. Et elle eut un haut-le-corps, devant cette chose peu naturelle qui trahissait une hostilité.

La petite demeurait plantée sur un pied, s'amusant à glisser l'autre pied le long de son tibia, d'un mouvement régulier, sans faire mine de partir. Germaine serra les dents, se sentant, elle aussi, de la colère contre cette méchante petite bête.

— Va-t'en. Quand j'te dis que j'peux pas, fit-elle.

L'enfant secoua la tête.

— Y m'a dit...

Et elle répéta ses paroles, à lui, avec l'obstination d'une consigne. Une joie la remuait au fond, c'était de voir que cette Germaine n'avait pas d'amour pour Cachaprès; son instinct l'avertissait qu'on aime autrement.

Cette insistance finit par inquiéter la belle fille. Elle prit un parti.

— Eh bien, tu lui diras que ça sera pour dans trois heures, chez la Cougnole.

P'tite s'en alla sans prononcer une parole. Germaine regardait son buste mince et plat remuer tout d'une pièce, comme un mécanisme. Et subitement elle la vit se retourner et darder sur elle, une dernière fois, son œil noir irrité. Alors elle se rappela certaines paroles de Cachaprès concernant un sauvageon qu'il appelait la Gadelette. C'était cette gamine, bien sûr. Elle haussa les épaules, trouvant drôle qu'une fillette fût amoureuse de son homme, à elle.

La porte dépassée, l'enfant fit une grimace, montra le poing à la ferme et prit sa course à travers champs, riant à plein gosier et gaie d'une gaîté de pie dans les futaies.

Cachaprès l'attendait, dévoré d'impatience, des soupirs dans la gorge, et du plus loin qu'il la vit, courut à elle, criant:

— Ben, quoi? Parle.

Elle hochait la tête, narquoise, prolongeant son silence avec une malice mauvaise. Alors il lui mit la main sur l'épaule, et plongeant ses yeux dans les siens:

— Dis ce qu'elle a dit. Ou j'te…

Elle éprouvait une joie cruelle à le faire languir et supportait ses regards hardiment, le dessous des yeux plissé par une joie sournoise.

Comme elle se taisait toujours, la main de l'homme devint pesante et ses doigts se mirent à lui broyer les épaules d'une pression qui augmentait à chaque instant, l'obligeant à ployer.

Elle eut un cri, dans sa rage et sa douleur.

— N'vient pas, glapit-elle.

Les mains lâchèrent prise, brusquement. Et le voyant assommé comme du poids d'un roc, impitoyablement, elle élargit sa blessure en racontant, avec des saccades de rire, qu'elle avait haussé les épaules, répété non plusieurs fois d'un air ennuyé; puis, quand elle eut épuisé la souffrance en lui, elle eut l'air de se rappeler que Germaine serait dans trois heures chez la Cougnole.

Il faillit l'exterminer, mais la minute d'après, sa colère évaporée, il caressa ses cheveux, ses joues, son cou, et tout à coup la haussa jusqu'à sa bouche. L'enfant, d'un bond, se dégagea de ses bras, frissonnante, ayant à la peau comme une brûlure délicieuse, et se mit à courir, affolée, ainsi qu'une bête piquée par un taon. Jamais elle n'avait éprouvé pareille sensation, bien qu'il l'embrassât quelquefois; et tandis qu'il l'appelait vainement par son nom, elle s'enfonça dans le bois pour y cacher sa peine et sa volupté.

XXVII

Germaine arriva chez la Cougnole, en retard de deux heures, maussade.

— Pourquoi qu'tu me demandes? dit-elle.

— Pour t'voir.

Et il ajouta d'une voix dolente qu'il y avait près de cinq jours qu'elle n'était venue.

Elle compta.

— Non! Quatre jours.

— Ben, oui, quatre jours. C'est-y pas du temps?

Il souriait pour la radoucir.

Elle haussa les épaules. Est-ce qu'elle n'avait pas ses occupations? Est-ce qu'il la croyait libre, par hasard? Bon pour lui de ne rien faire des jours entiers. Et elle débitait ses phrases à la file, sans s'arrêter, avec humeur.

Il secoua la tête. Le froid qui était dans toute la personne de Germaine le gagnait. Il sentait autour de lui un écroulement, et, la gorge serrée, il l'écoutait sans rien dire, avec un peu de honte d'être si bête quand elle était là.

Elle fit deux fois le tour de la chambre, puis s'assit. Elle cherchait des mots pour le décider à rompre. Son œil sec se posait sur les objets sans les voir et elle faisait sauter le bord de sa jupe sur son soulier, machinalement. Lui, s'était assis à l'autre bout de la chambre, sa tête dans les mains, muet. À la fin, il se leva, lança son poing dans le vide et alla s'épauler au mur, presque en face d'elle, la tête basse. Alors elle tâcha de lui arracher une parole, son silence lui pesant plus que ses objurgations.

— Dis ce qu'y t'faut dire, voyons.

Il détourna la tête.

— Moi? J'dis…, j'dis rien.

— C'est toujours rien avec toi… Alors que j'ai tous les ennuis.

Maintenant que le silence était rompu, elle ne le laissait plus recommencer. Elle lui fit des reproches de son indifférence: ça lui était bien égal à lui qu'elle eût des scènes chez elle; tous les jours, c'étaient des mots, et on finirait par la chasser de la ferme.

Elle parlait très vite, s'attendrissant sur elle-même et finissant par croire à ce qu'elle disait. Il arriva un moment où elle entra si nettement dans son rôle que les larmes lui partirent des yeux. Elle prit son mouchoir et tamponna ses paupières qui rougirent. Elle espérait un bon mouvement de sa part, une renonciation peut-être, et elle le guettait du coin des yeux, furtivement, noyée dans ses pleurs.

Il balançait la tête sur ses épaules, continuant à se taire.

Elle s'ingénia. Les hommes étaient tous des égoïstes qui ne pensaient qu'à s'amuser. Les femmes, c'est pour eux du plaisir, rien de plus; ils voudraient les avoir sous la main, constamment, comme des joujoux.

Elle était très animée. Le sang empourprait ses joues. Cette fois, elle le regardait résolûment, pour le provoquer à répondre; et le corps penché en avant, elle accentuait ses mots de gestes brusques qu'elle avait l'air de lui jeter à la tête. Il arriva le contraire de ce qu'elle pensait. Au lieu de l'attendrir, elle l'endurcit: sa ruse d'homme des bois lui fit pressentir une ruse derrière ce tas de doléances.

Il se déplaça du mur et vint se poser devant elle, les mains dans les poches.

— Eh ben, quoi? Après? Y a-t-il queuq'chose que tu veux m'dire? Faut dire alors.

Elle réfléchit un instant, se leva et d'un beau mouvement alla s'abattre contre lui, tout d'une fois, en sanglotant:

— J'puis pas dire tout non plus. J'suis pas heureuse avec toi, là. Faudrait nous voir moins. Plus tard, on n'sait pas; ça s'arrangerait p't-être.

Il fut ému: la chaleur de ses larmes l'amollissait.

— J'suis ben plus malheureux, moi, dit-il, et j'pense pas à t'quitter, Germaine.

Elle lui expliqua que ce n'était pas la même chose, s'efforçant de trouver des arguments décisifs, et elle avait le regard détaché des gens qui raisonnent. Mais il hochait la tête, nullement convaincu.

— Quand tu m'dirais ça jusqu'à demain, répondit-il, je l'croirais pas davantage. J'suis autrement fait qu'un autre, p't-être bien.

Il la prit dans ses bras et mit sa tête sur son épaule.

— D'abord, moi, j't'aurais pas laissé comme ça des jours sans venir. T'avais qu'à traverser le bois, une petite fois: tu serais partie après. J'aurais eu bon pour l'reste du temps. T'es pas venue.

Elle répondit, donna des raisons: d'abord, elle avait été fort occupée; même le dimanche, qui était la veille, elle l'avait passé à travailler.

Il eut un saisissement, comme devant une certitude de tromperie; et tout à coup indifférent:

— T'as travaillé hier? demanda-t-il.

Elle ne devina rien et fit de la tête un signe pour dire oui. Il ressentit un choc; des sueurs lui montèrent à la face.

— Jusqu'au soir?

Cette insistance la mit en garde; un doute traversa son esprit. Et elle hésita, tourna rapidement les yeux vers lui; mais payant d audace:

— Jusqu'au soir, oui.

— Alors sa fureur le reprit, et la repoussant d'un geste brutal:

— T'en as menti!

Elle se redressa, la tête haute, prête à entamer la lutte, et le défia du regard.

— Que j'mens, moi?

Ah, oui! qu'elle mentait! Est-ce qu'il ne devinait pas tout à présent? Elle le trompait, elle avait des galants. Et toute sa colère de la veille lui revenant, il l'accabla de mots terribles. Il avait failli tuer un homme à cause d'elle. Elle n'en valait pas la peine. Il y avait longtemps qu'elle le trompait. Et il avait été assez bête pour la croire sur parole! Ah! mam'zelle se faisait accompagner par des fils de fermier, des Hayot, elle leur abandonnait sa main, elle leur faisait accroire qu'elle était pucelle, peut-être!

Il avait croisé les bras, le torse ramassé, et tendait vers elle sa tête ravagée. Les mots sortaient étranglés de ses dents et il les entrecoupait d'un rire âpre qui claquait comme un fouet. Ses bras à elle avaient glissé le long de son corps. Elle l'écoutait parler, à travers une stupeur, ses yeux arrêtés sur les carreaux du sol, fixement. Ce qui la tenait, c'était moins qu'il se fût trouvé sur son chemin quand elle était passée avec le fils aux Hayot, que le mal qu'il avait pu faire à celui-ci. Sa pensée s'était concentrée sur ce qu'il venait de lui dire: il avait failli le tuer! Mais alors, tout allait se savoir!

Elle eut une vaillance. Elle fit un pas vers lui.

— Ben oui, c'est vrai, j'ai une liaison.

Elle n'eut pas plus tôt parlé qu'elle eut peur, se couvrit le visage de ses mains.

L'aveu était tombé sur Cachaprès comme un coup de massue. Il poussa un han! d'homme assommé qui roule ne sachant pas bien quel est le coup ni d'où il vient. Mais l'instant d'après, les mots lui rentrant dans la tête avec leurs pointes de clous, il lui montra la porte d'un geste emporté et cria:

— Va-t-en, publique!

La lâcheté de la femme reprit alors le dessus. Elle crut tout fini et qu'il l'abandonnait, enfin, et elle courut à la porte, comme à la délivrance. Une main la rattrapa par ses jupons.

— Ici!

Il la tira à lui, poussa le verrou, puis d'un mouvement de bras l'envoya rouler sur une chaise, au large. Elle se sentit en sa puissance, et blanche, les mains pendantes, terrifiée sous son air d'assurance, elle attendit. C'était sa liberté qui se jouait; elle était décidée à risquer le jeu jusqu'au bout.

D'abord, il marcha à travers la chambre pendant quelques instants, à grands pas, trébuchant contre les chaises; sa respiration rauque et dure trahissait l'immensité de sa peine. Et chaque fois qu'il passait devant elle, il fermait les yeux, pour ne pas la voir.

Petit à petit, une détermination froide pénétra dans son esprit; il s'arrêta devant elle, et, d'une voix lente, lui dit:

— Ce qui est fait est fait, Germaine. Y a pas à revenir dessus. L'homme était sur son cheval. J'l'ai mis à bas, j'l'ai roulé, j'lui ai demandé s'y t'connaissait. Y a dit qu'oui. J'l'aurais vidé de son sang. Demain donc, p't-être à c't'heure déjà, tout le monde sait qu't'as un galant et que c'galant, c'est moi. Tant qu'à lui, y t'crachera dessus. C'est pas un homme, c'est un M. le curé. Ben, v'là. J'en ai assez de ma sacrée vie. J'en veux plus, j'veux finir. Toi, c'est tout comme. On dira que t'es la commère à un losse T'es plus bonne à rien qu'à rouler ta bosse avec moi dans les bois. J'ai sur moi mon couteau, j'vas nous tuer.

Elle poussa un cri, se dressa. Il l'avait saisie par la taille et l'attirait avec sa force irrésistible. Elle se sentait venir à chaque instant un peu plus, malgré sa défense, et le buste rejeté en arrière, cherchait à mettre entre elle et lui sa main large étendue, pour ne pas voir le couteau qu'il tirait de sa poche. Elle le connaissait bien, ce couteau, long, pointu, effroyablement aiguisé; il s'en servait dans ses chasses, et des rouilles de sang le tachaient, demeurées là des entrailles dans lesquelles il l'avait plongé.

Il l'avait ouvert; le fer reluisait dans sa main droite, à demi-cachée derrière son dos. Et tandis que cette main bougeait, comme indécise du point où elle allait frapper, elle vit passer dans l'œil de son amant des tendresses suprêmes. Alors des mots lui vinrent à la gorge, avec des spasmes, des cris rauques, inarticulés; et elle se débattait, lui lacérait les poignets du tranchant de ses ongles, affolée, regardant toujours les éclairs du couteau.

Un instant, elle lui échappa. D'un bond elle fut à la porte; mais il la ressaisit avant qu'elle eût eu le temps de poser la main sur le verrou. Cette fois, il l'avait prise par le cou. Ses doigts entraient dans sa nuque, la tordaient en arrière. Et il continuait à la contempler, comme ayant regret de détruire une beauté qui lui avait donné ses plus grandes joies.

Elle appela à elle son énergie et cria à l'aide. Son cri s'étouffa sous le manche du couteau. Il l'appuyait à présent sur ses dents; l'arme était à quelques pouces de sa gorge. Il n'avait plus qu'à retourner la main. Elle fit un mouvement désespéré, et tout à coup sa robe se défit, laissant sa chair à nu.

Alors une mollesse passa sur la face de l'homme. Des tentations dernières de baiser sa peau se mirent en travers de ses résolutions; ses doigts se posèrent sur la douceur chaude de cette gorge étalée; il laissa tomber son couteau. Elle vit qu'elle triomphait et lui jeta ce cri, à travers une joie de tout son être:

— Demain!

Puis leurs bouches se collèrent dans un baiser. Elle avait fait de ses bras un collier autour de sa tête et se pendait à lui, de tout le poids de son corps, sentant ses ruses s'en aller de nouveau, à travers l'effrènement de cette minute d'amour, voisine de la mort. Elle oubliait ses déterminations dans l'orgueil de sa beauté victorieuse; et la sensation extraordinaire d'avoir été frôlée par la pointe du couteau et d'y avoir échappé lui rendant brusquement sa passion, elle subissait la domination de sa violence, comme de la seule chose qui eût prise sur elle.

Quant à lui, vaincu, tremblant des pieds à la tête, un nuage couvrait ses yeux. Il balbutiait des mots de pardon, noyant dans les chaudes prunelles de la fille son rouge désir d'extermination. Est-ce qu'elle en pouvait aimer un autre que lui? Est-ce qu'il lui était possible d'avoir pour un autre homme de pareilles caresses?

Et elle achevait de l'étourdir sous ses chuchotements, ses caresses de lèvres ouvertes qui bégayaient:

— T'es mon coq. Je n'connais que toi.

Il avait roulé à ses genoux, les mains passées derrière sa taille et de là remontées jusqu'à ses épaules, où elles se tenaient comme agrafées. Une volupté cruelle convulsait son visage aux narines dilatées, et il buvait des yeux le sourire qui flottait sur la bouche de Germaine.

La Cougnole les avait laissés seuls, comme d'habitude. Ils entendaient dans le silence du dehors le bruit de son couperet taillant des coterets, à l'entrée du bois, et comme aux bons jours, leur ivresse se doublait du mystère de leur solitude.

L'horloge jeta l'heure sur ces baisers.

Justement, un peu de lassitude commençait à peser sur Germaine, et la réflexion lui revenant, elle avait presque regret à présent de s'être abandonnée.

Il remarqua l'éclat froid de ses yeux.

— 'Core des idées? demanda-t-il avec une douceur triste.

— J'pense, fit-elle, à ce Hayot, que t'as culbuté. Dis-moi tout, mon cœur.

Il fit un récit fidèle, imitant le mouvement du cheval qui se cabre, l'homme précipité, l'air pleutre du fermier se relevant. Une pointe de grotesque s'attachait à cette mimique. Elle le caressa.

— Tu m'vas avec tes yeux colères.

Elle s'était si bien intéressée à la lutte qu'elle oubliait tout ce qui n'était pas le corps à corps de ces deux hommes dont l'un, tassé sous l'autre, geignait, criait merci.

La sonnerie de l'horloge la rappela à des idées graves. Dieu sait ce qu'il adviendrait de cette rencontre! Des inquiétudes la gagnaient.

— Peuh! fit-elle en haussant les épaules.

Elle était bête, après tout, de se manger le sang, sans savoir de quoi.

Une griserie lui restait de ces deux heures folles. C'était une douceur de satiété qu'elle n'avait pas encore connue et qui la tenait, rompue et charmée, avec un malaise vague. Ses inquiétudes finissaient par se dissoudre dans cet énervement.

Elle traînait, ne pouvant se décider à partir. Une lâcheté indéfinissable l'attardait auprès de lui. Elle lui tendit sa joue plusieurs fois:

— Embrasse-moi, lui dit-elle. Encore, mais va donc!

Ils se quittèrent.

Quand elle fut seule, elle se rudoya, comme après une faiblesse qu'il fallait oublier:

— Cette fois, c'est fini, bien fini, pensa-t-elle.

XXVIII

Elle rentra à la ferme.

Son père se promenait de son grand pas dans la cuisine, les mains derrière le dos, allant et venant d'une extrémité à l'autre, sans rien dire. Il la regarda, ouvrit la bouche, un instant arrêté, et reprit sa marche, refoulant en lui ce qu'il avait à dire.

— Il sait tout, se dit-elle.

Elle se dirigea vers la porte, traquée par une peur soudaine. Il l'appela:

— Germaine!

Son nom la cloua sur place, les yeux baissés, n'osant le regarder, et elle attendait, la main posée sur le loquet de la porte. Il passa devant elle, troublé à son tour et cherchant des mots, arpenta une dernière fois la chambre, puis brusquement, avec un effort:

— Dis, Germaine, fit-il. Est-ce pas que c'n'est n'in vrai?

Il mit ses deux mains sur ses épaules, et les paroles lui revenant, il continua:

— Est-ce pas qu'y-z-en ont menti, que Germaine est toudit not' fille, not' bonne et honnête fille?

Elle fut tentée de se jeter dans ses bras. Des sanglots lui montaient aux lèvres et il la regardait avec douceur, presque avec attendrissement, lui demandant un élan, une protestation, une preuve que ce qu'on lui avait dit était faux.

Cette bonté l'arrêta: il lui semblait qu'elle aurait eu plus de courage devant une colère, et n'osant pas mentir, indécise sur ce qu'elle avait à répondre, les paupières battantes, elle eut une réponse évasive au lieu de ce cri spontané qu'il attendait.

Le silence des après-midi s'étendait sur la ferme, semblait les isoler de la vie extérieure, et ce silence pesait sur eux avec une gravité extraordinaire. Il regardait anxieusement, immobile, sans respirer, espérant qu'elle allait ajouter quelque chose à ce non dit du bout des lèvres, et elle continuait à se taire, la tête basse, dans l'attitude d'une coupable. Une horloge ronflait contre le mur, désespérément monotone au milieu de la déroute de ses idées.

Il la repoussa brusquement du plat de ses mains demeurées sur ses épaules. Une sévérité dure plissait les coins de sa bouche, tout à l'heure détendus. La colère, lente à venir, à présent s'emparait de cet homme indulgent et bon.

— Voyons, faudrait savoir tout de même. C'est-y que t'as oublié tes devoirs et que cet homme est ton homme? Lève la main, Germaine, et dis-moi non, sur l'âme immortelle de not' chère femme défunte, de ta mère qu'est là-haut.

Elle fit un mouvement pour étendre le bras, mais ce geste se perdit dans le vide, et subitement oubliant sa volonté, elle éclata en larmes, criant:

— C'est des menteries. J'ai pas aut' chose à dire.

— C'est toi qu'as menti, fille abominable, dit-il. T'as qu'à t'regarder dans l'miroir, t'as le visage de la honte. J'te renie; t'es pas de not' sang. T'es plus rien pour moi.

Il frappait l'air de coups violents, le visage enflammé, et marchait devant lui, revenait sur ses pas. Les paroles sortaient de sa gorge, étranglées, furieuses, plus pressées à mesure que sa colère grandissait. Il ouvrit le tiroir d'un bahut, et tira un bout de lettre chiffonné, et se plantant devant elle, lui mettant près des joues le papier sur lequel il frappait de la paume de la main, il lui dit:

— Lis ça, tiens. C'est Hayot qui m'écrit. Y m'dit tout et que t'es mon déshonneur, le déshonneur de mon nom. À présent, lui et moi, nous sommes ennemis pour la vie et nos fils sont les ennemis de ses fils, et y aura p't-être pis encore. Mille Dieu! Tout ça, parce que t'as manqué à ta famille, à ton honneur. Va-t-en! T'es pas de not' sang, j'te dis. Une fille à moi, qu'j'aurais eue de mon lit, avec ta mère, n'm'aurait pas fait ce chagrin. C'est fini de toi! Va-t-en, j'le dis encore une fois! Y a plus de place sous mon toit pour une coureuse! Demande à c't homme de te prendre sous le sien, fille de rien qu'as trahi ton père.

Elle ouvrit la porte.

— Non, reste là! s'écria-t-il. J'ai pas tout dit. Ta sainte mère t'avait donnée à moi comme une enfant de nous. J't'aimais comme mon sang. J'avais compté d'sus toi pour mes vieux jours. J'm'étais fait l'idée comme ça de t'avoir près de moi quand j'n'serais plus bon à rien et d'faire sauter les petits sur mes genoux, dans mon coin. J'sens que j'm'en vas un peu plus tous les ans. C'était mon idée.

Il s'attendrissait; sa voix tremblait. Un amollissement de vieillard regardant se démolir un rêve de bonheur se jetait en travers de sa colère. Il parlait, sa haute taille courbée, les yeux vaguant par la chambre. Et elle écoutait cette voix, rude l'instant d'avant, qui se faisait douce maintenant, traînait comme une lamentation contenue. Elle était en proie à une crise de nerfs profonde, qui lui tournait le cœur. Des larmes chaudes coulaient le long de ses joues en ruisseaux, et elle tordait ses mains d'un geste machinal et lent.

Il cessa un instant de parler, secoua la tête, et la voyant debout devant lui, humble et pâle, sa violence le reprit:

— Qu'est-ce que tu fais là? cria-t-il. Tu n'es plus ma fille! Je n'ai plus que des garçons!

Elle redressa la tête et s'avança vers lui, tout à coup résolue, les yeux en feu:

— C'est des canailles!

— Hors d'ici! gronda-t-il.

Et il leva la main. Mais au moment de frapper, une chaleur lui passa dans le cœur; il eut pitié de la voir dans son affliction. Et s'en voulant de céder à ce retour de tendresse, il acheva son geste dans le vide et gagna la cour.

Une fois seule, elle s'abattit sur une chaise. Ainsi, tout était connu; elle allait traîner cette honte après elle; à toute heure du jour, elle aurait devant les yeux la figure irritée de ce second père, meilleur que le premier. C'est vrai qu'elle avait apporté sous le toit honnête des Hulotte les souillures de sa débauche Encore si l'homme était de ceux qui peuvent réparer une faute. Mais lui, un gueux! Des pudeurs lui revenaient, au sortir de ce long oubli d'elle-même. Étant lasse de ses caresses, au surplus, elle sentait s'en aller la fierté qu'elle avait eue à aimer un beau mâle. Et constamment le vieillard encore vert qu'elle venait de voir ployer jusqu'à elle, dans un accès de noire douleur, son esprit demeuré ferme sous les ans, repassait dans sa mémoire, avec ses gestes emportés et ses méprisantes paroles.

Elle gisait sur la cahière comme un corps sans âme, se perdant dans des horizons de sombres conjectures. Par moments, un étonnement qu'elle en fût réduite à cette abjection se mêlait au reste. Elle avait eu une bonne mère pourtant; des exemples fortifiants avaient nourri son enfance; elle n'avait vu autour d'elle que des pratiques de vie droite. Et toute cette honnêteté s'était évanouie comme une poussière au souffle d'un printemps!

À force de creuser les mêmes idées, elle finit par perdre la conscience des choses et n'avoir plus qu'une douleur inerte et vague, qui la tenait engourdie sous une pesanteur infinie. Une poule qui achevait de pondre se mit à chanter dans la cour, et ce chant s'élevait clair, par saccades stridentes. Elle n'entendit bientôt plus que cela, s'absorba dans cette clameur triomphante.

Une chose la tira de sa torpeur. Le fermier avait laissé s'échapper de ses mains le billet de Hayot. Il était demeuré sur le carreau, sans qu'elle l'eût vu jusqu'alors. Elle le ramassa et le parcourut rapidement.

Hayot commençait par des paroles ambiguës, regrettait la rupture de leurs bons rapports, muet d'abord sur le motif, puis petit à petit arrivait aux injures et finissait par ces mots:

« Hulotte, j'ai regret de ce qui arrive, à cause que nous étions une paire de camarades et qu'on se convenait; mais, toi, tes garçons et les autres, vous n'êtes pas bons seulement à ramasser les crottins de mes chevaux; je ne vous l'envoie pas dire. Et votre fille n'a qu'à courir les kermesses avec ses pareilles: on sait ce qu'elle vaut, allez, et son galant aussi. Sur quoi, je vous dis, moi, que vous n'avez plus à passer sur mon chemin et qu'on vous regardera ici et partout pour ce que vous êtes, vous et vos garçons, des père et frères de rien. Inutile de signer qui. »

Et, en effet, la lettre, écrite d'une écriture massive, ne portait pas de nom, mais d'un bout à l'autre indiquait la main des Hayot. Un post-scriptum ne laissait pas de doute.

« P. -S. — Dis à ta demoiselle qu'au cas qu'elle irait chez les amis, elle leur fasse l'honnêteté de dire qu'elle est la commère d'un vaurien, d'un Cachaprès, pour dire son nom, auquel cas on ne s'exposera plus à se montrer en public avec une rouleuse comme elle. »

Elle reconnut des mots du blond Hubert. Imbécile! Elle lui en voulut de sa lâcheté, plus qu'aux autres. Est-ce qu'un homme se venge ainsi? Mais ce n'était pas un homme, celui-là, et elle se rappelait ses manières douces, sa démarche ondoyante de lévite.

Un bruit de pas se fit entendre dans le vestibule. Elle se leva d'un bond et courut au poêle; la lettre tomba dans le feu. Pas assez vite cependant pour que Warnant, l'aîné de ses frères, qui entrait, ne vît disparaître le papier dans la rougeur de la flamme.

— T'as beau faire, dit-il froidement, ce n'est pas le feu qui lavera ça. Y a des choses qui n's'en vont pas. On leur montrera à traiter not'père de rien du tout, à ces noms de Dieu! Tant qu'à toi…

Il s'interrompit une seconde.

— … Si t'étais pas not'sœur, ça serait bientôt fait.

Elle haussa les épaules, eut un mot déterminé:

— J'suis plus une enfant, j'me laisserai pas dire.

Le sang paternel afflua à sa peau. Elle avait connu quelqu'un, et après? Elle était maîtresse de ses actes, pardieu! Des instincts d'indépendance se réveillaient en elle, avec sauvagerie.

Il fit un pas de son côté, les yeux éclatants.

— Faudrait pas qu'on t'rencontre avec l'autre, dit-il. Y a du plomb dans mon fusil.

Le père entra, sombre, ayant gardé le froncement douloureux de ses sourcils. Et quelques instants après, Mathieu, le second des garçons, arriva à son tour.

Ils s'assirent tous les trois devant la table.

Hulotte montra du doigt la porte à Germaine. Elle sortit, gagna l'escalier, puis là, se mit à traîner, écoutant les voix. Elle reconnut la voix de son frère aîné; il parlait avec animation, par éclats; des mots arrivaient à elle, confus. Et la voix de son père s'éleva ensuite, grave, avec un ton d'autorité.

— Garçons, dit-il, laissez-moi parler. J'suis puni plus que vous dans Germaine. Elle avait ma confiance. Mais faut dire tout. J'ai p't-être été un peu coupable, moi aussi. Sa mère me l'avait donnée comme ma fille, quoi! Et p't-être que not' sainte femme vivant encore, elle n'aurait pas tourné ainsi. J'm'étais fait à l'idée de l'avoir toujours près de moi et qu'elle ne m'aurait jamais quitté. On fait mal sans le vouloir, des fois. Et vrai, j'aurais dû penser qu'une fille de son âge, c'est fait pour se marier et nous faire grand'papas, nous les anciens. Vous comprendrez ça plus tard, les garçons. Tout de même, y a que ma pauv' défunte lui aurait trouvé un homme, un brave homme, qui aurait été son mari et l'aurait mise dans sa ferme. C'est ce que je m'suis dit là, tout seul, dans l'verger, étant à voir aux pommiers. Alors j'ai réfléchi. J'suis vieux, j'vois bien des choses à présent que, plus jeune, je n'voyais pas, et j'suis moins vif. Ben! faudrait pas la brusquer, là. J'lui ai dit ce que j'avais à dire.

Hulotte se tut. Il se fit un silence, puis la voix de Warnant s'éleva de nouveau.

— Not' père, dit-il, elle a été cause que ces bougres nous ont fait pis que pisser dessus.

— Bon! Ça vous regarde, les garçons. J'sais ben, tant qu'à moi, que d'mon temps, ayant mon poil naturel, j'leur aurais fait avaler leur langue, sang de Dieu! Et qu'il vienne seulement, ce coïon de Hayot, y connaîtra son homme. Si vous êtes de mon bois, j'sais bien ce que vous ferez. Y a des coins sur la route où on peut taper.

Ceci fut dit d'un accent mordant qui retentit au cœur des fils. Leurs voix se mêlèrent, furieuses, et Germaine put entendre ces mots:

— Bien dit, not' père! On tapera!

Un attelage rentra à la ferme et couvrit de son roulement le reste de l'entretien.

Elle se retira dans sa chambre.

XXIX

Des jours tristes commencèrent pour elle.

On la laissait aller et venir sans avoir l'air de la savoir là. Elle avait repris ses besognes accoutumées. Tantôt à la cuisine, tantôt à l'étable, elle était redevenue la fermière d'autrefois, et un besoin de s'étourdir dans le travail lui donnait une activité extraordinaire. Elle ne sentait un peu d'apaisement que dans la fréquentation des bêtes; les bœufs aux champs avaient une paix qui se communiquait à elle. Mais, rentrée à la maison, le sentiment de sa déchéance la reprenait.

Un accord semblait s'être fait entre le fermier et ses fils pour la laisser à elle-même. On l'évitait. La bonne entente du passé s'était changée en une réserve froide qui l'isolait au milieu du train de la ferme. Quelquefois des mots étaient échangés, mais dits d'une fois, rapidement. Les après-midi s'achevaient ainsi, silencieuses et lourdes, ajoutant à sa peine l'accablement des soleils de juin. Le soir lui semblait une délivrance.

C'était le milieu du jour surtout qui pesait sur elle. Des ondées de chaleur brûlante ruisselaient alors sur les cours; les toits d'ardoises rôtissaient, envoyant par les escaliers des bouffées énervantes; les fumiers bouillaient, et une lassitude s'emparait de son corps, s'étendait jusqu'à son esprit. À quoi était-elle bonne désormais? Il ne fallait plus penser au mariage; les galants connaissant son histoire, chercheraient ailleurs des filles constantes et sûres. On la laisserait vieillir dans son coin, isolée un peu plus à chaque retour de saison; et devant elle défilaient, solitaires, mornes, à perte de vue, les interminables jours de l'âge mûr. Est-ce qu'elle allait se soumettre à cette dure loi? Est-ce qu'elle l'attendrait venir, ce déclin de sa chaude jeunesse? Elle songeait dans ces moments aux filles qui s'en vont à la ville, les unes pour y vivre honnêtement de leur travail, les autres pour y faire la noce. Elle avait des parents à Bruxelles; un cousin de son père, le garde, était concierge à Paris, et elle se souvenait, au sujet de ce dernier, de vieilles histoires contées par sa mère, où il était question d'une existence extraordinaire, faite de rigolades qui ne cessaient pas. Eh bien, elle partirait, elle irait trouver ce cousin. Peut-être avait-il des garçons; sa vie, brisée ici, pourrait se reconstituer là-bas. Et cela se terminait en songeries qui l'amollissaient, la rendaient tout à coup paresseuse, au milieu de la besogne commencée.

Autour d'elle, la nature semblait lasse comme elle-même. Il y avait des moments où le paysage s'immobilisait dans une torpeur énorme. Les arbres mettaient sur le ciel irradié des silhouettes inertes. Le soleil pesait alors sur la terre de tout son poids, comme le mâle couvrant la femelle aux jours de l'engendrement. C'était, dans la création, comme une plénitude sous laquelle les hommes et les bêtes sommeillaient, énervés. Seuls, les fumiers bruissaient dans la cour, pleins de fermentation, et ce bruissement montait, se perdait dans le silence du jour.

Une floraison universelle constellait l'étendue. Les pâquerettes étoilaient les pentes, par jonchées, et les champs étaient pareils à des bouquets prodigieux étalés dans la clarté. Des taches roses signalaient au loin les luzernes. Les colzas flambaient des scintillations pâles qui s'étendaient de proche en proche, finissaient par se noyer dans l'horizon. Et la houle glauque des blés ondulait, par larges masses dormantes. Des myriades de points lumineux épinglaient la rondeur ventrue des buissons; une phosphorescence allumait, le long des eaux, les berges gazonnées; des coins d'herbage braséiaient, ensanglantés de coquelicots; et le bleu, le jonquille, le rouge criblaient de paillettes ce tapis des verts sombres ou clairs.

Des courants d'odeurs musquées s'élargissaient au-dessus des végétations; une ascension de parfums se faisait dans l'ascension des clartés; à chaque frisson de vent, des bouffées s'épandaient, formaient une vaste nappe d'effluves qui, par moments, s'abattait. De grands papillons ocellés tremblotaient à ras des cultures; des vols d'abeilles cognaient les fleurs; les ruches et les nids étaient également en fête. Un chamaillis d'ailes remplissait l'épaisseur des arbres, devenus semblables à des lyres; chaque branche avait ses oiseaux, chaque feuille avait ses insectes; et des pieds à la tête, le tronc et ses feuillages bruissaient, ronflaient, chantaient.

À mesure que se pressaient les jours, cette gaîté de la terre s'accroissait, prenait des allures de ribote et de folie. Une pléthore gonflait les choses; la sève, surnourrie, exaspérait les arbres qui, rendus turbulents, poussaient en haut leurs bras, palpaient l'air, agitaient des chevelures de feuilles. Des gommes s'accumulaient le long des écorces, trop plein de la circulation intérieure; par les fentes coulaient les résines; aux branches s'ouvraient des plaies par où s'échappait la vie, et très haut montait la clameur de la création fouaillée par l'enfantement.

Tout dégénérait en excès; parfum, lumière, couleur, allongement des tiges, largeur des branchées, densité des fourrés, épanouissement de la fleur dans l'herbe, rondeur des bois à l'horizon. Les bêtes, gorgées de pâture fraîche, crevaient de bien-être sous de belles peaux lustrées Des poursuites incessamment bousculaient les halliers, les prairies et les haies. Moineaux, poules, palombes, roussins, ouailles s'accouplaient, effarés, vagissants, furieux. Des cris rauques de désir emplissaient le vent. Une férocité entrechoquait entre eux les sexes, sous le soleil plombant son vif-argent dans les moelles. Et l'ombre et la clarté aimaient, se caressaient, se pourchassaient, demeuraient pantelants à travers une tendresse inassouvie. Les sources avaient l'air d'être de la vie qui coulait, dans l'immense bruit de la vie en travail, et elles s'épanchaient murmurantes, douces, ayant quelquefois comme des gloussements d'amour, des pleurs mystérieux, ineffablement voluptueux.

Toutes sortes de choses anciennes rajeunissaient, s'éjoyaient, reverdissaient, les saules vermoulus, les pommiers rongés de chancres, les ormes laissés pour morts avec leurs ganglions et leurs goîtres. De vieux murs prenaient une somptuosité de manteau sous l'échevèlement doré des ravenelles. L'ornière s'enfleurait; le grès s'égrettait d'un panache: la fissure des toits caducs laissait s'épandre une touffe éclatante; les fumiers eux-mêmes se duvetaient d'une fleur rosée, germaient, entraient dans la noce universelle. Et sur tout cela, dardait le midi, ondulait le vent, coulaient les odeurs, bruissaient les feuillages, tantôt balancés comme des éventails, tantôt brusquement heurtés, quand l'ouragan s'amoncelle au ciel en larges nuages déchiquetés.

Germaine était prise de souvenirs aigus au milieu de ces effervescences de la terre.

Que faisait-il, lui? Sans doute, il traînait sa rancœur sous les hêtres de la forêt. Ne pouvant soupçonner la cause de cette longue absence, l'espoir de la voir arriver alternait en lui avec la crainte de l'avoir perdue. Elle, se figurait sa peine, sa colère, sa solitude. Ah! il l'aimait, ce va-nu-pieds, et d'un incomparable amour. Elle, au contraire, s'était refroidie; une lassitude avait soufflé sur son feu, comme le vent sur une chandelle, tandis que le pauvre diable séchait sur pied, flambait comme une épine au feu! Cela la remua. Elle se sentit revenir à lui par une reconnaissance. Personne ne l'aimerait jamais comme il l'aimait. Et elle s'en voulait de ses lâchetés à son égard.

Bah! il en valait mieux ainsi. Petit à petit, sa passion à lui s'userait devant cette séparation qui se perpétuait. Et par une pente insensible allant de l'attendrissement à l'indifférence, elle se réjouissait presque d'être claustrée.

Puis, les jours se suivant, elle eut d'autres idées: le sachant violent, elle redouta un coup de tête. Un bruit de pas résonnant dans la cour la faisait se lever en sursaut, courir à la fenêtre toute pâle. Qu'est-ce qu'elle lui dirait s'il arrivait? Il était capable de tout. Alors, s'affolant, elle allait à l'extrême, entrevoyait des catastrophes. Il lui avait dit un jour qu'il ne serait pas gêné de lui loger une balle dans la tête si elle le quittait. Un autre souvenir, celui du couteau qui avait chatouillé sa peau et auquel elle n'avait échappé qu'à l'aide de ses ruses, s'ajoutait au souvenir de ce propos.

Mais il n'avait pas reparu; et elle s'en étonnait, regardait le verger, les pommiers, le bois, au loin, avec inquiétude.

Cachaprès faisant le mort lui semblait d'autant plus à craindre.

XXX

Le dimanche suivant, Warnant et Mathieu quittèrent de bonne heure la ferme. Grigol, le valet d'écurie, les accompagnait. Ils avaient leur plan.

Ils marchèrent de compagnie pendant près d'une heure, le long de la grande route où Cachaprès avait rossé le fils aux Hayot. Ils allaient d'un pas tranquille, sans se presser, sûrs d'arriver à temps. Mathieu, muet comme à l'ordinaire, l'autre sifflant entre ses dents, Grigol ayant quelquefois à ras des joues un petit rire sans bruit, comme à l'approche d'une bonne partie.

Des toits de maisons se montrèrent au tournant de la route.

— File droit ton chemin à présent, dit l'aîné des garçons au valet, et fais comme c'est dit. On se retrouvera à l'église, sur le coup de la messe.

— Suffit, répondit Grigol en clignant de l'œil, on a été soldat.

Il allongea les jambes et en quelques allègres arpentées prit sur eux de l'avance.

Ils le regardaient décroître dans la profondeur de la route.

Bientôt il arriva aux maisons, longea une haie, s'enfonça sous l'auvent d'une large porte.

Ils continuaient à marcher de leur même pas régulier.

Un sentier s'encaissait entre des talus, un peu avant les maisons. Ils prirent le sentier et débouchèrent sur un chemin charretier. Des habitations basses à toits de chaume s'espaçaient sur les bords du pavé, et plus loin se rapprochaient, finissaient par former une rue au bout de laquelle s'arrondissait un espace découvert qui était la place commune. Au fond, l'église dressait son clocher en poivrière, au milieu d'un cercle de maisons.

La cloche tintait. Ils montèrent les trois marches qui conduisaient au parvis.

Grigol, lui, rôdait pendant ce temps dans la cour du fermier Hayot, cherchant à qui parler.

Il alla à l'écurie, à l'étable, au cellier sans trouver personne, et il cognait aux portes, toussait, appelait, frappait fortement la terre de ses souliers.

— Hé! y a donc pas un chrétien dans cette barraque? cria-t-il à la fin, impatienté.

Le torse nu d'un homme se montra à la lucarne du grenier et une voix grommelante demanda « de quoi c'était ».

— Descends une miette, Crollé, j'te bouterai ça, répondit Grigol.

— C'est que j'm'habille, fieu! dit l'autre, qui passait les emmanchures de sa chemise.

— Hardi! Dépêche!

Au bout de quelques instants, l'échelle qui menait au grenier craqua, et le Crollé descendit dans la cour, en fixant ses bretelles, ses gros cheveux crépus emmêlés de paille.

— Y a du neuf, dit Grigol.

— Quoi?

— Y a que p't-être ben t'à l'heure, si le cœur t'en dit, on se fichera quelques tapées. Affaire de rire un peu. J't'en veux point, tu n'm'en veux point. Mais faut bien s'amuser.

Grigol prit un temps de repos et continua mystérieusement:

— Motus! Les garçons d'chez nous, y vont comme qui dirait nettoyer leur affaire avec les garçons d'chez vous. Y faut que j'leur dise un mot pour leur dire. Boute après.

Le Crollé roulait des yeux étonnés; c'était un gaillard lent et paisible, à encolure de bœuf Sur les instances de Grigol, il finit par appeler les fermiers.

— Hé! nos maîtres!

Des bottes cognèrent les dalles du vestibule. Hubert Hayot apparut.

Grigol s'avança, fit jouer sa casquette sur sa tête, et dit:

— C'est les fils à Hulotte qui m'envoient. Y seront deux. Warnant et Mathieu. Y demandent que vous veniez deux, pareillement. Y seront à la messe de dix heures. Après la messe y seront à l'estaminet, en face de l'église, jusqu'à midi. Si vous n'étiez point venus, y s'ront à vous attendre chez Labusette, au Pot d'or, jusqu'à deux heures. Après quoi, si vous n'étiez point venus, y s'ront à la sortie des vêpres. Après quoi, si vous n'étiez point venus, y s'ront à la sortie sur la grand'route à jouer au bouchon jusqu'à six heures. Après quoi y-z-iront vous chercher partout dans l'village, pour vous arracher les oreilles. Et si vous amenez le Crollé, moi j'm'amène. On sera six.

Il se balançait, scandant les mots de hochements de tête, et quand il eut dit, s'arrêta, attendant la réponse. Hubert haussa les épaules, pâle, les lèvres pincées, et tout à coup eut un éclair.

— C'est bon. On se trouvera.

Grigol rejoignit les deux frères à l'église. Il les vit debout, appuyés contre un pilier, près du porche, et tous trois causèrent un instant.

Puis, comme des gens se retournaient, ils demeurèrent cois, les mains jointes, dirigeant seulement la tête du côté de la porte, chaque fois qu'une poussée annonçait un nouvel arrivant.

Des odeurs de tabac entraient par bouffées, se mêlaient aux senteurs de l'encens, lorsque l'enfant de chœur agitait la cassolette; et constamment la voix du prêtre était couverte par un brouhaha confus de voix, de pieds glissant sur les dalles, de chaises remuées, de chapelets égrenés par des mains calleuses.

Les sonnettes carillonnèrent; un silence s'établit; l'officiant imposa les mains, avec le geste de la bénédiction. Puis toutes les chaises grincèrent à la fois, le piétinement recommença pour ne plus cesser, et se bousculant, les coudes et les épaules emboîtés, d'un large flot qui à la porte s'éparpillait, la foule lentement s'écoula.

Les fils Hulotte demeurèrent les derniers sur le parvis plongeant les yeux dans cette masse humaine, en quête des Hayot. Des dos ronds sous des sarreaux lustrés disparaissaient par la porte des cabarets ou bien longeaient les maisons, se perdaient dans l'éloignement. Les Hayot ne se montraient pas.

Ils allèrent au cabaret. Les tables se remplirent autour d'eux; des parties de piquet s'entamèrent; les poings abattaient les cartes, bruyamment; des voix clamaient; on riait, on criait, on jurait, animés par les lampées, et sérieux tous deux, fumant gravement leurs cigares, ils demeuraient indifférents à ce tapage.

Deux heures se passèrent. Les Hayot continuaient à ne point paraître. Il était midi. Ils gagnèrent la rue, prirent un sentier qui aboutissait à la grand'route, non loin de la ferme des Hayot, La porte étant large ouverte, ils affectèrent de se planter sous l'auvent, tournés vers la cour et haussant les épaules en signe de dédain. Et cela encore étant demeuré sans résultat, ils redescendirent au village. Une large omelette au lard fut commandée chez Labusette, au Pot d'or; et attablés, tête-à-tête, ils nourrirent fortement leur désir de vengeance.

Puis la cloche sonna aux vêpres. Ils allèrent reprendre à l'église la place occupée par eux le matin, derrière le pilier, et debout, leur casquette dans les doigts, ils regardaient osciller les nuques, dans les créneaux des épaules. Il y eut un tassement; du monde refluait de l'extérieur. Ils tournèrent la tête et virent les trois Hayot au milieu d'un groupe de jeunes hommes. Enfin! ils se décidaient donc! Une chaleur leur passa dans le sang.

À la sortie, ils faillirent se trouver coude à coude. Les Hayot marchaient devant. Warnant pressa le pas, bourrant la file de coups d'épaule. Au moment où il allait poser la main sur le bras de Hubert, un garçon vigoureux s'avança d'un pas, s'interposa entre eux tranquillement. Warnant entrevit une tactique. Les Hayot s'étaient mis sous la protection de leurs amis: ils ne se battraient pas, ou, s'ils se battaient, ils se feraient couvrir par du renfort. Canailles, va! Un peu plus de colère s'empara des rudes gars. Ils brûlaient de les regarder face à face, dans les prunelles; mais les trois frères s'obstinaient à ne montrer que leur dos.

La bande entra au cabaret. Les Hulotte entrèrent à leur tour; ils allèrent s'attabler en face des autres. Il se fit un silence parmi les buveurs, puis on chuchota. Le bruit de la querelle ayant transpiré, les yeux allaient de la table des Hulotte à la table des Hayot, curieux, tenaces, quelquefois narquois. Hubert alluma un cigare longuement. Il avait les joues blanches et les oreilles rouges. Il regardait brasiller la cendre de son cigare tout en causant, pour n'avoir pas à subir le choc des prunelles qu'il sentait posées sur lui. Donat, plus résolu, ricanait en dodelinant la tête de leur côté. Un brouillard enveloppait cette partie du cabaret où les pipes et les cigares rougeoyaient, fumés par grosses bouffées. Warnant remuait sur son banc, à bout de sang-froid, et soufflait dans ses joues, cramoisi, en sueur, âpre à cette rixe qui n'aboutissait pas. Des jurons s'étouffaient entre ses dents, entendus toutefois des Hayot, et il les accompagnait de coups de poing sur la table, de brusques mouvements d'épaules.

Il éclata.

— Hubert Hayot, dit-il, j'te crache à la face comme j'crache ici, tiens!

Et il cracha à terre, en effet, avec un mépris violent.

Hubert hocha la tête d'une épaule à l'autre, et répondit, haussant cette fois jusqu'à lui ses yeux vacillants:

— Crache, fieu! Ta salive te retombera sur le nez.

Il y eut des rires. Hulotte se leva.

— Viens m'dire ça à la porte, si t'as du cœur.

Hubert ne bougea pas.

— Y ne me plaît point, fît-il.

— Ben, à moi, si! Y m'plaît, j'te dis. Et j't'appelle vaurien, lâche, triple coïon!

Là-dessus, Warnant franchit l'espace qui le séparait de la table et se rua vers cette face blême qui se balançait. Hubert se dressa à son tour, effaré, tout à coup pris de fureur. Debout, le corps posé sur une jambe, l'autre jambe tendue en avant, il l'attendait, brandissant son verre.

— Arrière, cria-t-il, ou j'te fends la gueule.

Rapide comme la pensée, le jeune Hulotte ploya le haut de son corps, et la tête en avant, comme un bœuf, se lança. Un bruit de verre s'écrasant sur le carreau alla mourir, derrière ses talons, dans le piétinement des spectateurs. Hubert, bourré d'un choc terrible, avait roulé à deux pas, dans les bris.

Une poussée se produisit dans le cabaret; tout le monde se mit debout. Déjà Warnant s'était relevé, prêt à fondre sur son adversaire. Des mains le saisirent aux aisselles; il se sentit enlacé dans des bras. Une rage le prit. Ruant à travers les tibias, ses poings tapant dans le tas, à l'aveuglette, il secouait la grappe pendue après lui, par saccades. Ses veines tendues se nouaient sur ses tempes, pareilles à des cordes d'arbalète et il poussait des han! rauques de colère et d'effort. Les mains lâchèrent prise; le cercle s'élargit.

Il était temps.

Hubert Hayot arrivait sur lui, balançant une chaise. La chaise tournoya, s'abattit, pas assez vite pour que Warnant ne parât le coup. Il l'arracha des mains du grand blond, la jeta au loin, puis, bondissant, il saisit Hubert à bras-le-corps, lui broyant les vertèbres de ses biceps robustes.

Hubert râla.

Et subitement un ennemi nouveau se présenta, qui passa les mains au col de Warnant, et de toutes ses forces l'étranglant, lui ploya les reins en arrière. C'était Donat. Warnant se renversa, râlant à son tour, quand son frère Mathieu, d'un large coup de poing envoyé dans la nuque de Donat, fit osciller ce dernier, comme un arbre déchaussé et qui bat l'air de ses feuilles.

Alors, remis sur pied, il poussa droit à l'ennemi, rusant cette fois pour se faire prendre, et sa ruse réussit. Hubert le prit à bras-le-corps comme il avait été pris lui-même; mais, au moment où il l'enlevait de terre, les deux mains de Warnant s'abattirent sur son front, lourdes comme le plomb, et il tomba à la renverse, entraînant dans ses bras son rival.

Ils se cognaient aux tables, bousculaient les chaises, se tordaient, étroitement serrés l'un à l'autre. Les crânes sonnaient sur le pavement comme des calebasses, parmi les gémissements, les cris inarticulés qui sortaient des gorges; et des chocs brusques s'étouffaient dans un roulement sourd, continu.

Quelquefois la lutte semblait s'immobiliser; ils se maintenaient si bien emboîtés que tous deux cessaient de bouger. Puis l'étreinte se relâchait, et de nouveau les mains, les bras, les genoux s'emmêlaient, faisant des angulations furieuses à ras du sol. Une férocité mutuelle donnait à cette masse courant des bordées, des airs de carnage. Les chemises déchirées laissaient les poitrines à nu; les poignets lacérés, striés d'égratignures, s'engluaient d'une viscosité de sang. Par deux fois, les mâchoires de Hubert avaient happé les joues de Warnant, au point d'y laisser leurs empreintes, larges et carrées. Warnant, ayant les dents branlantes, ne mordait pas; mais il le tassait sous ses puissants genoux, lui labourait le cou de ses mains nerveuses, le clouait à terre de toute la pesanteur de ses épaules. Et l'autre hurlait, s'aidant de pratiques abominables. Tantôt il lui pointait ses doigts dans les yeux, en fourchons, ou bien cherchait à l'atteindre au bas-ventre, traîtreusement. Mais Warnant, vigoureux et leste, le contrecarrait chaque fois par des parades adroites.

Un coup de tête dans le nez lui fit perdre tout à coup ses avantages. Il se redressa sur les genoux, aveuglé, tous les os de sa face craquant, comme hébété, tandis que Hubert, se dégageant d'une secousse, passait derrière son dos, faisait le geste de l'assommer. Il se croyait triomphant; il était perdu.

Warnant, bourré dans les épaules sans pitié ni miséricorde, enlaça la cuisse de Hubert et le fit basculer par-dessus lui. Pris à l'improviste dans la partie la plus faible de son corps, ses jambes longues et maigres, le Hayot alla choir de nouveau, la tête en avant, vaincu cette fois et criant à l'aide. Mais Warnant ne prenait plus garde à rien: il bavait de rage, hurlait, voyait rouge. Ramassé sur les reins, comme une bête, il lui cognait la tête contre le carreau à coups redoublés, l'insultant à chaque coup. À toi, losse! Tiens, brigand! Encore! chenapan! propre-à-rien! trembleur! fils de truie! Et Hubert geignait, suffoqué, l'échine en pièces, ayant dans la cervelle comme un bruit de cloches et appelant du secours, constamment, sans être entendu.

La bagarre était devenue générale dans le cabaret. Sauf quelques anciens qui, dès le premier colletage, avaient prudemment battu en retraite, tout le monde s'en mêlait à présent, qui pour et qui contre. Mathieu, repris par Donat, lui avait lancé au creux de l'estomac un coup de bélier qui l'avait envoyé bouler dans les tables, vomissant, en proie à un détraquement horrible; mais une grêle de poings s'était abattue sur lui, au même instant. Les amis de Hayot entraient dans la rixe, et de toutes parts circonvenant le pauvre garçon, moins aguerri que son aîné à la lutte, le tiraillaient, le battaient, lui portaient des coups dans les lombes et la poitrine.

Mathieu les esquivait tant bien que mal. Un gros joufflu ayant tâché de l'enlacer, il lui cassa une dent. Il atteignit un autre dans la nuque; un troisième reçut un formidable coup droit dans le thorax; et ceux-là se reculèrent aussitôt, faisant place à d'autres qui se ruaient à leur tour. Il avait l'oreille en sang; sa veste, déchiquetée, béait; et il continuait à tenir tête, cherchant à gagner le mur pour s'y acculer. Quelqu'un lui passa la jambe, brusquement. Il oscilla, tenta un instant de se rattraper à une table, mais des mains le poussaient, il tomba.

La rixe tourna alors au massacre. Les amis des Hayot, exaspérés, se roulèrent sur Donat, le criblaient de coups de poing, fracassaient ses reins du plat de leurs talons. Un piétinement sourd remplissait la chambre, à travers des bousculades de tables; par moments, quelqu'un beuglait, un cri de rage s'élevait, pareil à un cri d'animal; d'entre les dents serrées sortaient des injures furieuses, mais cela se perdait dans l'incessante rumeur confuse de la lutte. L'hôte consterné courait après les verres, en sauvait un çà et là, à la hâte, bien que la plupart gisaient à terre, émiettés, faisant sur les carreaux rouges un poudroiement blanc. Il se lamentait, cet homme paisible, trop âgé pour participer à la querelle, et de temps en temps clamait, criant à merci pour lui et les autres.

Le garde champêtre avait été mandé, mais il tardait; peut-être ne l'avait-on pas trouvé au logis; et, en effet, l'envoyé ne tarda pas à rentrer, disant que le garde, profitant de son dimanche, était allé inspecter une coupe de bois, à une lieue du village.

— À moi, Warnant! gémit Mathieu.

La meute le démolissait; il ne voyait plus très clair; ses bras à grand'peine paraient les coups; il était à bout de souffle. Son appel sonna aux oreilles de Warnant comme un bruit de clairon. À frapper ce grand vaurien de Hubert, il avait oublié son frère. Brusquement il se tourna vers l'endroit d'où était parti le cri, vit Mathieu piétiné par cette bande féroce, se mit debout:

— Hardi! Tiens bon! gronda-t-il.

Une chaise se trouvait là. Il la leva, et à deux mains, comme le bûcheron jette sa hache, il l'abattit sur des dos, des crânes, des hanches, au hasard du tas, pensant plus à frapper fort qu'à frapper juste. Six fois, il recommença, sans leur laisser le temps de se reconnaître. Au sixième coup, la chaise se brisa; il n'en resta plus qu'un tronçon dans sa main; mais ce tronçon, carré, massif, se mit à tournoyer terriblement. Le sang jaillissait des faces; il avait à demi-rompu la clavicule à l'un; un autre avait la mâchoire démantibulée; tous s'écrasant, se bousculant, s'aplatissant, s'efforçaient de se garer, le dos en boule et les coudes relevés. Et maniant son tronçon de chaise de toute la vigueur de son bras, il continuait à le faire voler sur cette chair tuméfiée et fumante.

Ce fut la fin de la lutte.

Les deux Hayot n'avaient même pas attendu jusque-là pour se mettre en garde contre un retour des vainqueurs. Les habits lacérés, ayant du sang au visage et aux mains, ils avaient battu en retraite du côté de la rue. Des gens les arrêtaient au passage, s'apitoyaient sur eux. Hein! Comme ils étaient faits! Leur peau avait des rougeurs de lièvre écorché! On n'avait pas eu égard à leur beau linge, à leurs habits neufs! Les femmes surtout exclamaient, en joignant les mains. Ils donnaient des explications, alors; c'étaient ces canailles de Hulotte; ils étaient venus les provoquer au cabaret, tandis qu'ils étaient paisiblement à boire. Même ils avaient tiré leurs couteaux, tandis qu'eux, désarmés, s'étaient défendus avec leurs mains. De là l'inégalité de la lutte. Mais on les repincerait; ils auraient leur compte; c'était un scandale pour tout le village qu'on ne les eût pas chassés du cabaret. Le monde s'ameutant, ils cherchaient à exploiter les sentiments de la foule. Les hommes hochaient la tête, les écoutant dégoiser leurs propos, sans bouger. Voyant qu'il ne leur restait que la commisération des femmes et le silence stupide des gamins plantés devant eux, un doigt dans le nez et les yeux élargis, ils détalèrent.

La rixe terminée, les curieux affluaient à présent dans le cabaret, entouraient les Hulotte, pressés de questions et qu'une lassitude rendait faibles et tremblants, après ce combat violent. Ils filèrent sous bois à grandes enjambées, puis s'assirent près d'un ruisseau qui serpentait sous les taillis, et bien sûrs qu'on ne viendrait pas les inquiéter là, ils se baignèrent la tête et les bras au courant de l'eau.

XXXI

Rudes journées pour Cachaprès que celles de cette dernière quinzaine! Des colères de toute sorte l'avaient rendu farouche, avec des révoltes contre les hommes et Dieu. Ç'avait été d'abord de ne plus voir Germaine. Des jours et des nuits avaient passé sur cette après-midi où ils s'étaient donné de si furieux coups de bec dans la maison de la Cougnole. Pourquoi n'était-elle plus venue? C'est donc qu'elle l'avait oublié, encore une fois! Et le doute, qui si souvent déjà l'avait mordu, se représentait à lui, implacable et ne laissant plus de place à l'espérance. Fille damnée! Il l'aurait voulu voir traînée en enfer par des démons, rôtissant dans les flammes, et lui-même emporté avec elle, narguant ses tortures. Ses instincts de carnage réveillés lui faisaient rêver des atrocités, des mortifications terribles, une Germaine saignante et suppliée. Elle s'était jouée de lui; sûr comme il y a un soleil là-haut, il avait été la victime d'une farce sinistre; ce Hayot et elle s'était moquée de lui; on lui avait fait accroire ce qu'on avait voulu. Et il se rappelait sa froideur, ses paroles énigmatiques, celte attitude de personne contrainte qu'elle avait fait paraître si souvent.

Eh bien! soit! Tout serait dit. Lui, Cachaprès ferait une croix sur le passé, mais une croix à sa façon qui pourrait bien être du même coup celle qu'on mettrait au cimetière sur cette Germaine détestée. Aussi bien, il était las de colporter partout avec lui cette blessure profonde. Une bête blessée, ça se refait dans le bois; mais sa plaie à lui n'était pas de celles qui guérissent. Il en avait assez de l'attendre éternellement, souhaitant sa chair, et d'être déçu. Ce n'était plus vivre, cela. Et le reste de la création n'était pas assez désirable pour qu'il pût se rattraper ailleurs de ce bonheur qui le fuyait, comme une proie insaisissable. Elle lui avait fait prendre en dégoût ses plus chères jouissances; le métier d'homme libre qu'il pratiquait à la face du jour lui semblait abominablement ennuyeux à présent; le bois et ses silences lui pesaient; il était sans convoitises pour le gibier; l'ancien ravageur, amolli par les songeries. laissait passer avec indifférence sous les feuillages les hardes agiles qu'il pourchassait autrefois.

Il avait en outre des tristesses nouvelles, inconnues; il pensait à son enfance vagabonde et solitaire, aux siens qui comme lui avaient vécu dans les bois, un peu mieux que les sangliers et les loups, mais tristes, rudes, défiants, dans des huttes semblables à des tannières, ne connaissant ni le bien-être ni la douceur, sans désir, fermés à tout, insensibles à l'amour des jolies filles, à l'abondance du cellier, à la belle nourriture, vivant ensemble sans savoir pourquoi, mettant bas leurs enfants comme des petits, sauvages, sournois, sombres, finalement conduits à la fosse sans cortège, seuls au dernier comme au premier jour. Tandis que d'autres, les Hayot, par exemple, les Hulotte aussi, naissaient dans de bonnes et grasses fermes, étaient choyés dès leur bas âge, grandissaient au milieu de la bonne entente et de la joie, faisaient plus tard les messieurs, se mariaient avec de belles femmes et à leur tour avaient des enfants qui croissaient comme eux.

Il y avait donc sur la terre des gens qui ont tout et d'autres qui n'ont rien, des va-nu-pieds qui crèvent la faim et claquent des dents sur les routes et des richards cousus d'or qui s'entonnent à bâfrer au coin de leur feu! Ce n'était pas d'hier que cette inégalité existait; il le savait bien, mais elle avait glissé sur sa cervelle sans y laisser d'empreinte, tandis que maintenant elle sonnait en lui la révolte. Il était de ceux qui, dès le ventre de la mère, sont dépossédés de tout. Iniquité! Iniquité! N'était-il pas une créature humaine, pourtant? Est-ce que parmi les animaux des bois les uns ont plus et les autres moins? Est-ce que dans la société comme au fond des forêts, il ne faudrait pas la portion égale qui assure à chacun le dormir et le manger? Tout au moins la richesse et la gaîté devraient appartenir aux hommes forts, aux êtres vigoureux, à ceux qui ont bec et ongles. Il se souvint d'un village où, un homme l'ayant appelé voleur et brigand, il avait pris cet homme à la gorge, en plein cabaret, un dimanche après vêpres, l'avait terrassé, et lui avait laissé sur le front, entre les yeux, la marque des clous de fer de ses souliers. Ah! on appelait voleur et brigand l'homme qui chasse la bête au bois, comme si le bois et la bête étaient à Jean plutôt qu'à Pierre? Est-ce que le bon Dieu a mis un commandement là-dessus? Aveugles et stupides sont les rustres des champs! Ils n'auraient qu'à s'armer de leurs fourches et de leurs faux pour être maîtres à leur tour, avoir des biens, vivre grassement, dominer les superbes et faire leurs enfants dans l'abondance de toutes choses. Brigand! on était bien bête de ne pas l'être jusqu'au bout, de ne pas se mettre en rébellion contre l'injustice, de ne pas troquer sa vie de misère contre une vie indépendante et large.

Pendant deux nuits, il rôda autour de la ferme des Hulotte, tourmenté par le besoin de la vengeance. Des pailles étaient amoncelées dans les hangars: il n'aurait eu qu'à laisser tomber le feu d'une allumette; toute la ferme aurait flambé; à la faveur de l'incendie, il se serait coulé jusqu'à elle, et face à face, au milieu des flammes, il lui aurait crié:

— Ta maison, ton père, tes frères, tes domestiques, les bêtes de tes étables et de tes écuries brûlent à cause de toi. Hurle, démène-toi, appelle à l'aide; je te tiens; je veux voir ce que tes os feront de poussière.

Une répulsion native pour les œuvres lâches lui fit abandonner ce projet. Qu'est-ce que ces gens lui avaient fait? Rien de mal. Il n'en voulait qu'à Germaine.

Elle lui avait montré un jour une des fenêtres de la maison, du côté du verger, en lui disant que c'était la fenêtre de sa chambre.

Un rayon de lune bleuissait les vitres, tandis qu'il les regardait, caché derrière la haie et ruminant des idées scélérates. C'était là qu'elle dormait, là qu'elle reposait demi-nue; et il se figurait son corps superbe couché dans la tiédeur des draps, ses seins dressés. Une soif de voluptés féroce faisait bouillir son sang; le cœur lui montait à la gorge, dans des spasmes; il rêvait de monter jusqu'à elle, de lui coller sa bouche aux dents, et l'instant d'après, de lui plonger un couteau dans le cœur!

Le pré blanchit autour de lui, sans qu'il s'aperçût de l'approche du jour, et il demeurait couché à terre, contre la haie, hébété, regardant maintenant pointer dans les vitres, à la place de la lune blonde, l'aube rose qui montait.

Le bruit de la porte charretière s'ouvrant le tira de sa torpeur. Il prit la fuite et tout le jour courailla par la forêt, poursuivi par des idées rouges. La nuit tombée, il revint prendre son poste de la veille, guettant la fenêtre de sa grande prunelle sombre.

Par instants, il quittait la haie, se rapprochait de la maison, étudiait la hauteur des fenêtres. Une force le poussait; il se sentait attiré vers cette chair dormante, de l'autre côté du mur.

Un tas de perches avait été remisé près de la barrière du verger, quelques-unes de belle grosseur. Il prit la plus résistante et la posa contre le mur. Ses mains tremblaient.

Le bout de la perche atteignait au toit. Il l'enserra de ses bras et se mit à grimper, mais le baliveau ayant craqué, il retomba sur le sol. Une épouvante s'empara de lui, alors; il courut du côté du bois, se croyant poursuivi.

Le ciel était noir; d'épaisses ténèbres couvraient la terre et un vent de tempête battait les arbres, ronflant au loin avec un bruit de grandes eaux. Les basses branches, ployant jusqu'à ras du sol, le fouettaient au visage. Il voyait osciller devant lui la masse confuse des taillis. Le bois, furieux, se cabrait sous les rafales, échevelant ses feuillages comme des crinières. Et constamment, le grondement profond du vent roulait, faisant aux grincements des cîmes une basse qui, par moments, s'assoupissait, et tout à coup reprenait, finissait par engloutir les autres bruits dans sa rumeur continue.

Il rôda dans cette horreur jusqu'au matin. Autant que lui, la nature était bouleversée, et il se trouvait bien de la tourmente comme d'une sympathie avec sa peine. Puis la tempête cessa, petit à petit noyée dans des averses; et les pluies durèrent deux jours.

Cachaprès quitta le bois et se rabattit sur le village. Il lui restait un peu d'argent. Cela paya le genièvre pendant une après-midi et lui donna l'oubli à bon marché. Bah! pour une Germaine perdue, combien d'autres retrouvées! Le péquet au poivre brûlait ses veines; il avait un désir immodéré de ripailles. Mais l'argent! L'argent!

Il eut recours à sa grande ressource: le bois. Il fit huit lieues de marche à travers ronces et genêts, pénétra dans les chasses gardées, et là recommença ce rude métier de la mort pour lequel la nature semblait l'avoir taillé. Il prit deux chevreuils au lacet, en tua un d'un coup de feu, fit une razzia de lièvres, braconnant et massacrant avec sérénité. Il avait eu soin d'aviser ses marchands, en sorte que le gibier tué prit la route de la ville, à la barbe des gardes. Le soir, il s'attardait dans les cabarets, payant bouteille, large, magnifique, aimant à imposer au paysan par de grandes allures.

La bière, le genièvre, le vin le mettaient dans une surexcitation permanente; à boire et à trinquer, il oubliait sa peine, et quelquefois il mêlait à la soûlerie des casses qu'il payait avec une générosité superbe. Sa grosse vanité de gueux s'en donnait à cœur joie dans ces rigolades. Il faisait sonner haut ses dédains pour la canaille des champs; il défiait les gardes; il contait des aventures. Toute prudence était abandonnée au profit du plaisir qu'il avait à se magnifier, et il prenait des poses au bord des tables, debout, la tête en arrière, faisant des gestes immenses pour stupéfier son auditoire. Il fumait des cigares, jetait de l'argent aux filles, s'amusant à les dépoitrailler, puis les plantant là, ironique, désespéré à l'égard de l'amour.

La noce l'étourdit sans le griser. Il arrivait même que la bière, au lieu de l'égayer, l'abêtissait d'un noir chagrin. Il se mettait à l'écart, dans ces moments, ruminant des souvenirs, la tête dans les poings. Il était pris du dégoût de la vie; il eût voulu être une charogne séchant au soleil, au milieu d'une clairière; il frappait le vide de ses poings. On regardait saigner le colosse, curieusement. Quelqu'un s'avisa de le plaisanter un soir. Il se fâcha. Il y eut une dispute qui aurait tourné à la rixe, sans les paysans qui arrachèrent le plaisant aux mains de Cachaprès. Il haussa les épaules, disant que s'il voulait, il casserait les côtes à toute la bande. On le laissa dire.

Il jouait, aimant les surprises du gain et de la perte. Tout ce qui était apaisement à la blessure intérieure le trouvait prêt. Il faisait des paris. Une fois, il paria de prendre sous chaque bras un sac de pommes de terre, et, ainsi chargé, d'aller danser sur la place. Il gagna son pari. Une autre fois, il paria de boire dix pintes de bière en dix minutes, et il gagna encore.

Un jour, il fit porter un défi à un tonnelier du village qui passait pour n'avoir pas rencontré son égal en force. Le tonnelier, homme paisible, refusa d'abord, puis, poussé à bout par ses amis, accepta. On choisit un enclos pour se battre.

Le tonnelier ôta sa veste et la mit sur la haie, après l'avoir soigneusement pliée. Il était bâti en hercule; ses épaules étaient massives et rondes, formant du côté des omoplates deux boules immenses; ses muscles ressemblaient à des nœuds, bourrelant la peau inégalement.

Le rude homme se mit en garde. Cachaprès se lança. Une première feinte lui réussit. Il porta vivement les mains en avant, comme pour frapper à la tête. Le tonnelier para, découvrant le bas de son corps. Agile comme l'écureuil, l'autre alors empoigna sa jambe gauche, et lui passant son jarret derrière la droite, le culbuta. Ce fut un choc terrible: un bœuf s'abattant n'eût pas frappé le sol plus lourdement.

Le tonnelier se releva. Cachaprès, campé, l'attendait. Tous deux s'élancèrent. Il y eut un moment d'indécision. L'hercule souleva de terre le braconnier et le tint un instant suspendu. Il était le plus vigoureux incontestablement: mais Cachaprès était plus rusé et plus alerte. D'un coup de reins formidable, il se débarrassa, et, sans perdre une seconde, aussi prompt que la pensée, tandis que le tonnelier se détendait, il bondit, le prit en travers du corps et le coucha sous son bras.

Le tonnelier était bon enfant; il fit la moue d'un homme qui s'avoue vaincu; il soufflait; ses pectoraux jouaient comme un soufflet de forge. Cachaprès, lui, tranquille, le souffle égal, sans trace d'animation, lampait un verre, dédaigneusement. Mais le colosse se rattrapa aux poids; il paria de lever à bras tendu une souche d'arbre qui gisait dans l'enclos. Il empoigna, en effet, la souche, la remuant un instant, cherchant le point d'attaque, et lentement la leva; ses biceps roulaient dans ses bras comme la boule sur la planche d'un jeu de quilles. Cachaprès essaya à son tour; il ne put que hausser la souche et la laissa retomber.

— J'y suis! fit-il.

Et il paya l'enjeu du pari, doublement.

Le tonnelier offrit alors de soulever une vache sur son dos. Personne ne voulant prêter la vache, il proposa de lever un cheval; mais il y eut une prudence semblable à l'égard du cheval, et finalement, riant de son gros rire, il alla à une charrette chargée de pailles et gagea de la lever.

— Ça va! fit-on.

On attela le tonnelier. Un collier de cheval fut passé autour de son cou robuste, et il se mit à piétiner, s'efforçant d'ébranler la charrette. Les roues bougèrent d'abord à peine, puis décrivirent un cercle, et la charrette se mit en mouvement. Les veines saillaient comme des cordes au front de l'homme qui, suant, rouge, enflé, s'inclinait verticalement, tirant de toute sa force. Des mains claquèrent, on cria bravo. Malheureusement, au bout de l'enclos, le terrain déclivait en pente légère. Le roulement de la charrette s'accélérant subitement, obligea le tonnelier à changer d'attitude, et, retenant cette fois sa charge au lieu de l'attirer, il s'arcbouta, ses talons enfoncés dans le sol. Mais la charrette continuant à glisser, les reins du tonnelier plièrent.

— À moi! cria-t-il,

Cachaprès bondit, se pendit aux roues. L'énorme masse s'immobilisa. Il était temps. Une courbature avait pris le tonnelier en travers du dos et il allait lâcher prise. À deux alors, ils firent remonter la charrette jusqu'à la remise d'où le pareur l'avait tirée.

Cette vie de dépenses et de parades s'alimentait du gibier tué chaque matin. Il appelait le bois « son capital »; c'était de là que lui venaient ses rentes, et il narguait les braconniers, ses confrères, qui, moins hardis, étaient talonnés constamment par la peur des gardes. Jamais il n'avait été plus audacieux. Il quittait la compagnie en disant qu'il allait poser ses collets et gagnait le bois ostensiblement. Une fois là, il se dérobait. Impossible aux gardes de le suivre.

Le garde-forestier de la localité était un homme déjà vieux et rongé de rhumatismes. Tout seul d'abord, il s'était mis à la poursuite du gaillard; mais autant valait faire courir la tortue après l'écureuil. Il fit avertir l'administration que Cachaprès ravageait le bois. Deux gardes lui furent dépêchés. À trois alors, ils se postèrent, firent le guet, s'assurèrent des intelligences dans les cabarets où il pérorait. Des gens entraient la mine sournoise, s'asseyaient à la table voisine de la sienne, l'écoutaient dire sans en avoir l'air, puis s'en allaient rapporter aux gardes ses forfanteries. Il ne tardait pas à sortir. Ils le regardaient passer, sifflant, ses mains dans les poches, et calme, se glisser dans le bois du pas de flânerie. Les gardes le suivaient, épiant ses actions derrière les taillis.

Un soir, ils le virent se baisser, avec le geste évident d'un homme qui attache un collet. Tapis tous trois dans les buissons, ils attendirent qu'il eût fini. Il se releva, poursuivit sa route dans le bois, et, au bout d'un temps, de nouveau se baissa, avec le même geste. Il les promena ainsi pendant deux heures, posant ses collets de l'air indifférent de quelqu'un qui se sent protégé par l'épaisseur des feuillages.

La nuit tomba. Il se perdit dans le noir.

Cette fois, les gardes le tenaient. Chacun d'eux se posta à portée d un des collets, jugeant que l'homme viendrait les relever au petit jour. Le matin se leva sur le bois; Cachaprès ne paraissait pas. Ils demeurèrent jusqu'à midi. Personne. Alors ils se replièrent l'un vers l'autre, se sentant joués. Et, en effet, le coquin avait posé ses lacets dans la conviction qu'ils y viendraient. Tandis qu'ils se glaçaient à l'attendre dans l'humidité froide de la nuit, il levait tranquillement les lacets qu'il avait été poser à une demi-lieue de là, après s'être dérobé à leur poursuite.

Une rage s'empara des gardes. Ils embrigadèrent des aides, et tous ensemble, les jours et les nuits, battirent les taillis.

Cachaprès demeurait insaisissable. Quelquefois, il était aperçu distinctement à travers les arbres, et la minute après il disparaissait, devenait une ombre qui se confondait aux ombres de la vesprée. Une complicité s'établissait entre la forêt et lui. Il grimpait aux branches, se cachait dans leur rondeur touffue ou bien s'aplatissait derrière un buisson, sous les feuilles, tenant à l'aise dans le moindre repli de terrain, brun comme la terre, noir comme la nuit, immobile, invisible, abrité par le mystère profond des frondaisons. Les gardes passaient auprès de lui sans le reconnaître. Une nuit, blotti dans un chêne, il les vit s'allonger dans le chemin; ils parlaient bas, étouffaient le bruit de leurs souliers, et la lune allumait d'une paillette le canon de leurs fusils, derrière eux. Il les laissa passer et, tout à coup, du haut de son perchoir, eut un rire saccadé qui retentit à travers les bruissements du bois. Cela les cloua sur place, comme pétrifiés.

D'autres fois, alors qu'ils se morfondaient à le guetter, trempés jusqu'aux os, dans la boue et l'ondée, Cachaprès, largement carré dans une chaise de cabaret, se livrait à des lampées ou abattait les cartes, narguant les pauvres diables qui l'attendaient sous l'orme.

Cependant le gibier diminuait. Les chevreuils, nombreux à l'origine, filaient maintenant par bandes clairsemées. Des biches rôdaient, inquiètes, cherchant leurs faons. Les mâles clamaient après leurs femelles. Cachaprès eut un excès d'audace. Revenant du bois une nuit, tout le village dormant, il déposa à la porte du garde principal six paires de soles, les unes à peines naissantes, les autres à larges pinces, et tout près, du bout de son doigt, il mit une vaste croix, ne sachant pas signer son nom. Le garde à son réveil vit cette ironie. Il y eut un redoublement de surveillance.

Peine perdue.

Cachaprès était un joûteur terrible; il déroutait toutes les ruses et dépistait toutes les poursuites. Tandis qu'on le cherchait à droite, il opérait à gauche. Il devinait les allées et venues des gardes dans les bois et s'arrangeait de manière à les diriger sur un point pour être plus à l'aise sur un autre. Sauf les paysans à la solde des gardes, les autres étaient pour lui, l'aidaient de leurs renseignements par moments. Il savait par eux les remises des bêtes, leurs passages, la tactique des gardes, et en retour, prodigue à leur endroit de bière et d'argent, il leur apportait en outre du gibier qu'il mangeait avec eux, en secret, toutes portes closes.

Ses hâbleries contre les braconniers le perdirent. Ceux-ci s'exaspérèrent de l'entendre déblatérer dans les cabarets, et une jalousie s'ajoutant à leurs rancunes, ils conçurent le projet de le vendre. Cachaprès, pratiquant seul, pour son propre compte, était détesté de la plupart de ces hommes travaillant en commun, au profit de la masse. Ce solitaire était une gêne pour eux; non-seulement il s'obstinait à ne point partager le bénéfice de ses rapines, vivant d'une vie large, mais il avait un instinct du bois qui lui faisait faire des rafles merveilleuses.

Un d'entre eux fut chargé de l'acculer dans un guet-apens. Il lia connaissance avec Cachaprès, trinqua, le laissa gagner aux cartes, finalement lui renseigna mystérieusement un endroit giboyeux, lui offrant de faire part à deux. Le gars, malgré sa ruse, accepta sans défiance.

On alla poser de compagnie les collets. Il faisait une belle nuit claire. La lune tissait entre les arbres une lumière bleue, pâle comme un brouillard. Les mousses, emperlées de rosées, luisaient. Et un peu de la chaleur du jour traînait encore dans les taillis, mêlé aux fraîcheurs profondes du bois. Les deux hommes se mirent à rôder dans les sentiers; ils avaient quitté le cabaret sur le tard. Point n'était la peine de rentrer, et tout en devisant et lampant une bouteille de genièvre que Cachaprès avait apportée avec lui, ils attendirent les clartés de l'aube. Le ciel se lama d'argent, les bois frissonnèrent, le vent chamailla dans les taillis, ils entendirent l'éveil des nids, et, à pas lents, ils prirent le chemin qui menait aux collets. Une tache rousse s'élargissait sur l'herbe.

— Une hase! cria Cachaprès.

Il fit une enjambée, se baissa vers la bête, et subitement fit un haut-le-corps. On avait touché au collet; il ne reconnaissait pas son nœud.

Il eut un cri:

— J'suis vendu!

Au même moment, un froissement s'entendit dans les branches, et trois hommes se précipitèrent, l'enlacèrent de leurs bras. C'étaient les trois gardes. Le traître avait disparu.

D'un mouvement d'épaules, Cachaprès envoya bouler Bastogne, le plus âgé des forestiers, et prenant Bayonnet, le plus jeune, il lui cogna la tête de toutes ses forces contre un arbre. Un flot de sang jaillit du nez du garde, tachant les mains de Cachaprès. L'action avait été rapide comme l'éclair. Le braconnier fit un bond de côté, prêt à gagner le bois. Deux mains se posèrent sur son cou, solides comme des étaux. C'était Malplaquet, le troisième forestier, qui se pendait à lui.

Le forestier était vigoureux et subtil, ayant été braconnier en son jeune temps. De ce métier, il avait conservé l'adresse, les ruses de la bataille, les coups bien portés. Cachaprès bleuissait sous la pression, de minute en minute, plus forte de ses doigts de fer. Il ruait, se tordait, battait des reins. Malplaquet tenait bon.

Bayonnet et Bastogne arrivèrent à la rescousse, et tous trois ensemble alors tentèrent de le maintenir. Bayonnet lui passa une corde autour des jambes. Il rompit la corde, lança un coup de pied terrible dans le ventre du pauvre diable qui, hoquetant, alla rouler à terre et presque au même instant, fracassa le visage de Bastogne, de son poing largement abattu.

Malplaquet commençait à faiblir.

— Hardi! hardi! criait-il aux forestiers, sentant la crampe mordre ses doigts.

Bayonnet, à demi-détraqué, fit un effort, se traîna jusqu'à Cachaprès, lui jeta son poing en travers des yeux. Un étourdissement paralysa le rude gars, pendant un moment. Et Malplaquet, à bout de forces, hurla à l'aide, du côté de Bastogne, qui arrivait à son tour. Ses mains se détendaient comme un ressort usé; il sentait, à d'irrésistibles mouvements du corps qu'il avait dompté jusqu'alors, son redressement prochain, et brusquement, Cachaprès s'affala sur le sol, de tout son poids, entraînant Malplaquet avec lui. I.e forestier lâcha prise.

Il y eut un pêle-mêle. Cachaprès se roulait sur le sol, avec des soubresauts terribles, frappant de la tête comme un bélier et ruant comme un onagre, culbutant les gardes l'un après l'autre, par moments étouffé sous eux, la face contre terre, et mordu par leurs dents, étranglé par leurs doigts, couturé, échardé, saignant. Des cris haletants sortaient des poitrines, mêlés au choc continu des corps bondissant sur la terre élastique.

Cette bête à trois dos se convulsionnait, par saccades, avec des enlacements de jambes et de bras, où les corps se brouillaient, s'emmanchaient, avaient l'air d'une bouillie de chairs pantelantes.

Cachaprès se démenait dans le tas, employant toutes les ruses, pareil au sanglier harcelé par les meutes. Bastogne reçut un coup de tête qui le mit hors de lutte. Bayonnet fut aveuglé d'un coup de fourchette traîtreusement porté, et de nouveau le braconnier se trouva seul en présence de Malplaquet.

Une férocité s'empara de lui: une roue de feu tournait dans ses moelles; il glissa la main à sa poche, en tira son couteau qu'il ouvrit au large, et plongea la lame dans les côtes du forestier. Puis se mettant debout, déchiré, en lambeaux, la face boueuse de sang, brandissant son couteau au-dessus de lui, il sauta par-dessus Bayonnet et Bastogne, bondit dans le bois.

Trois coups de feu retentirent: les gardes tiraient après lui. Malplaquet, soulevé sur ses genoux, épaula son fusil par un dernier effort. Le plomb siffla aux oreilles du fuyard, persilla le feuillage devant lui, et subitement il disparut dans la mer profonde des verdures, sauvé.

Sauvé, mais désormais en révolte contre la loi, c'est-à-dire traqué, obligé de détaler au moindre bruit, pourchassé de tannière en tannière. Une complication surgit: Malplaquet traîna deux jours et mourut. Il l'apprit d'un paysan qui, la nuit, lui apportait du pain dans le bois.

Tout fertile en ruses qu'il était, Cachaprès comprit que la position n'était plus tenable; il aurait beau biaiser, se terrer, grimper à la cime des arbres, il finirait par être pris.

Le paysan l'avait averti qu'une escouade de forestiers battait les taillis dans leurs moindres recoins; les gendarmes avaient été réquisitionnés également, et toute cette bande enveloppait les futaies d'un vaste filet. Une chance lui restait: gagner de nuit, par étapes ou d'une fois, la partie de la forêt qui avoisinait la hutte des Duc. C'était sa forêt, celle-là; il en connaissait les moindres replis; elle avait été mêlée à tous les instants de sa vie. Bien fin qui le pincerait là!

Dix lieues de marche étaient pour lui l'affaire d'une nuit, à la condition de n'être pas inquiété. Il s'approvisionna de poudre et de plomb, passa son fusil en bandoulière et se mit en route. Il marchait à grandes enjambées, évitant les découverts, s'abritant derrière les arbres, rampant au long des taillis, quelquefois s'arrêtant quand une rumeur lui paraissait douteuse, puis repartait du trot, alerte et souple du chevreuil, les reins ployés.

Il y eut un moment critique. Des voix lui arrivaient de loin, apportées par le vent. Il s'arrêta, écouta. Les voix, autant qu'il pouvait en juger, étaient celles de huit à dix hommes, marchant à sa droite. Par échappées, le bruit de cette marche s'entendait distinctement. Il se lança, prit un temps de course, ensuite écouta de nouveau. Aucun bruit, hormis le bruissement des feuillages.

Le petit jour blanchissait les hauteurs du ciel quand il passa devant la maison de la Cougnole. Il avait faim et soif; un besoin de sommeil l'étourdissait. Il cogna à la fenêtre, du côté de la cour. La vieille avait le dormir rude; elle ne s'éveilla qu'au carillon de ses vitres, tintant sous une grêle de coups.

— Fieu de Dieu! dit-elle, passez votre chemin; n'y a ici qu'une pauv' bribeuse qui n'a plus que l'saint bon Dieu pour lui venir en aide.

Il glissa son nom à travers le trou de la serrure.

Aussitôt des pieds nus claquèrent sur le carreau et elle ouvrit.

— C'est toi, m'fi?

— À boire!

Il ferma la porte derrière lui, s'allongea sur le lit de la vieille. Ouf! il était rompu. Il demanda des nouvelles de Germaine. Elle haussa les épaules, n'ayant rien à dire. Et lui qui venait pour dormir, il fut pris de souvenirs aigus à la vue de cette chambre où ils avaient passé de si bons instants. La revoir! Une envie furieuse de palper une dernière fois sa peau chaude et grasse lui faisait oublier le sommeil. Il mit de l'argent dans la main de Cougnole.

— J'suis pris si tu dis un mot; les gardes sont après moi. Et tout d'même m'faut revoir Germaine! m'faut, entends-tu! Vas la voir. Et que j'crève après, j'men fous, sûr comme y a un Dieu, s'y en a un!

Il but, mangea, et ayant donné rendez-vous à la vieille dans un fourré, il détala.

XXXII

L'apaisement des représailles avait amené un changement dans les rapports de Germaine et de ses frères; il semblait que l'injure lavée avait petit à petit lavé la faute. De même qu'il y avait eu entente commune pour l'isoler, il y eut accord tacite pour adoucir la sévérité des premiers jours. Le père aussi avait une voix moins grave en lui parlant. Il était joyeux, le grand vieillard, de retrouver en ses garçons la verdeur de sa trempe. Les Hayot, rossés et raclés, se tiendraient cois à présent; ils avaient éprouvé ce que pèse un bras de vrai gars; et une fierté s'était mêlée à son attendrissement quand Grigol, rentrant à la ferme le dimanche de la rixe, lui avait fait le récit de l'effréné pugilat. Ses fils étaient arrivés un peu après. Il avait eu alors un beau mouvement.

— Bien, les enfants! V'là vingt francs pour chacun! Faut s'amuser aussi!

L'histoire avait fait le tour de la ferme, augmentée de détails par Grigol, qui ne s'oubliait pas dans le récit du combat. Pendant près d'une heure, à l'entendre, il s'était houspillé avec le Crollé, livrant des bottes formidables, tous deux enlacés et cherchant à se culbuter. À la fin, le Crollé avait chu, et il lui avait mis son genou vainqueur sur le flanc.

Germaine, elle aussi, sentit diminuer l'affront sous la volée reçue par les Hayot. Elle avait le droit de lever la tête, à présent, et son mépris pour l'ex-séminariste s'accroissait de l'ignominie de sa défaite.

La mélancolie des jours finissait par se fondre dans une sérénité. Elle espéra. Sa vie, un instant brisée, se referait. Il n'est si forte rumeur qui ne s'affaiblisse à la longue. Le bruit de son aventure avec le braconnier se disperserait, avec d'autres semblables. L'été lui sembla plus doux; il lui paraissait qu'elle reprenait avec les choses une connaissance interrompue. L'être intelligent se réveillait en elle sous la créature machinale qui vaquait aux besognes de la maison, demi-éveillée; et plus que jamais elle se promit de résister aux tentatives que Cachaprès pourrait faire pour la revoir.

Le matin du mardi, deux jours après la rixe, la Cougnole vint à la ferme, bien stylée par Cachaprès. Elle s'avança, courbée sur son bâton et traînant la jambe. Ses maigres tibias collaient à ses bas noirs, visibles sous sa jupe de cotonnette qui ne dépassait pas ses genoux; elle avait au bras son éternel cabas en paille rapiécé de drap.

Germaine eut un peu de honte à la voir se planter devant elle, énigmatique et louche, lui faisant des signes à la dérobée, tout en marmottant très haut ses bénédictions. Des souvenirs de folies coupables rentraient à la ferme avec l'entremetteuse. Qui sait? Peut-être l'avait-il chargée d'une commission. Tant pis! elle n'entendrait rien; et très décidée d'abord, elle finit par être gagnée d'une curiosité.

Elle regarda autour d'elle, rapidement, et l'entraîna du côté du verger. La vieille claudiquait à sa suite, cognant son bâton contre le pavé et geignant.

Quand elles furent derrière la haie:

— Ben, quoi? dit Germaine.

Cougnole posa ses deux mains sur sa canne, reprit haleine en tirant de sa gorge des sons rauques et rouillés de vieille horloge, puis parla:

— M'fille, m'sainte fille, fit-elle, j'suis toute stropiée depuis le temps que t'es venue à l'maison. J'n'sais vraiment Dieu pas comment j'ai fait pou'm'traîner jusqu'ici. J'ai la crampe aux jambes. Y m'semble que j'vas tomber là, t'à l'heure. Et ça n'est Dieu pas pour te rien dire d'mauvais, mais il y a longtemps que la chère créature du paradis n'a plus pensé à sa vieille Cougnole. J'me disais: Alle a ben aut'chose à faire qu'à écouter les paternostres de sa vieille, mais là, tout d'même, ça me faisait queuqu'chose. P't-être ben qu'elle m'a oubliée, que j'm'disais. J'lui ai pourtant bien rendu des petits services à l'occasion! Ah! oui, dans l'bon temps, on venait à l'maison, on avait des douceurs pou' la vieille, on savait ben qu' c'était chez elle comme chez l'bon Dieu et qu'y n'y avait personne pou' regarder par l'trou de l'huche. Ah! oui. Ça c'est ben vrai qu'y n'y avait personne. Y s'boudent, que j'me suis dit; y reviendront. Une si belle couple! D'si beaux brins d'enfants! C'est-y pas Dieu fait pour s'becqueter comme les pigeons! J'vous aimais comme m'fille et m'garçon. D'autant que j'avais la vie p't-être ben moins dure qu'à c't'heure. Faut dire, m'chère, qu'il a venu souvent, l'pauv' cher homme! Si bon, si brave, si honnête pou' moi! Et qu'à chaque fois, y m'donnait une p'tite donance, qu'même y m'appelait s'chère maman que ça m'escleffait l'cœur. « T'as besoin pou' tes vieux jours, qu'y m'disait, d'un peu d'bon temps. Tes souliers sont à trous, comme t'maison, et la pluie pleuve à travers. Alle a sûrement des nippes. Vas-y lui dire. » « Ah! oui, qu'j'm'disais, qu'elle en a. » Si tant est qu'alle n'aurait qu'deux chemises, une robe, d'vieux jupons, ça m'ferait mon hiver, avec un peu d'nourriture et d'genièvre avec; et alle laisserait s'vieille souquelère s'mourir pou' ça! Ah! non. C'est des méchantes gens qui diront ça! Mais j'la connais, moi. Cœur d'bon Dieu! T'as mes bénédictions tous les soirs; vrai comme il est là qui nous voit, l'saint bon Dieu t'mettra à sa droite, en paradis.

Elle souffla un instant et reprit:

— J'suis venue pou' aut' chose aussi, m'fille. L'pauv' cher garçon, y n'vit plus, y n'mange plus, y n'dort plus, y n'est plus un homme ni une ombre d'homme. « Ah! qu'y m'a dit, vas la voir. Dis-lui qu'alle m'dise c'qu'alle a à me dire. Si alle dit qu' c'est tout et qu' c'est fini, ben! qu'elle le dise, je me ferai sauter dans l'bois. Personne ne l'saura; j' m'en irai d'son chemin; y aura personne pour le lui dire. J'suis libre d'rester ou de m'en aller; mon corps de chrétien est à moi. J'ai la mort su' l'dos, aussi bien; ça m'est égal de crever à c't'heure ou demain. » Et y pleurait! — « Minute! que j'lui ai dit, ça n'est Dieu pas possible qu'alle voudrait t'mort; y a queut'chose qu'on n'sait pas; alle est p't-être malade, la chère fille. Faut qu'j'aille. — « Non, qu'y m'a dit, alle n'est pas malade, mieux vaut que j'm'tue. Alle n' m'a jamais aimé, que j'te dis. C'est ça s'maladie. »

Elle entrecoupait ses mots de soupirs, passait le dos de sa main sur ses yeux, par moments, continuant à s'apitoyer sur lui Germaine ne le reconnaîtrait plus, tant il était changé; il n'avait plus que la peau sur les os; c'était à fendre l'âme, etc.

Germaine l'écoutait parler, irritée des souvenirs qu'elle évoquait et charmée en même temps. La constance de cet homme l'amollissait, l'impatientait comme une chose obsédante et douce. C'était donc vrai qu'il l'aimait tant que cela! Elle était plantée dans sa vie comme une hache dans un chêne. Sa vanité de femme s'accommodait de cette rude tendresse, mais par forfanterie elle haussait les épaules, feignait l'ennui. À la fin elle prit un parti.

— Tout ça c'est des chansons, dit-elle. C'est pas que j'aime pas, j'l'aime bien; mais un roule-ta-bosse n'est pas l'homme qu'y m'faut. J'suis déjà bien assez malheureuse par sa faute.

Et elle la mit au courant de sa brouille avec son père et ses frères, cédant petit à petit à l'envie des larmes. Cougnole s'exclama, hochant la tête en signe d'assentiment et frappant ses mains l'une dans l'autre.

— D'abord que c'est ainsi, dit-elle, t'as ben raison, m'chère, de n'plus vouloir de ce grand vaurien. Un homme qui n'a qu' sa maronne, si tant est qu'il l'a, n'est pas un coq pour toi. Voyez-vous Dieu ça, que ce rien-du-tout aurait eu tous les jours de la vie une belle mademoiselle comme du sucre à croquer? C'est-y pas ben assez qu'on s'a amusé un peu, un tout petit peu ensemble, là, pou' s'amuser? Ben, ce serait du neuf qu'y faudrait marier tous les hommes avec qui on a joué l'jeu du bon Dieu! Ah! m'fille, m'chère fille, quoi que té m'dis là? D'abord, qu'y viendra, j'lui dirai son affaire, à c'grand losse. C'est ben la pure vérité qu'il a de l'amitié pou' moi. Mais m'chère amie a aussi de l'amitié pou' moi. Alle ajoutera une rawette à ses petites donances et j'dirai une prière d'plus au saint bon Dieu du ciel et de l'enfer.

Germaine fut obligée de l'arrêter dans ses propos contre Cachaprès. Il fallait être prudente, au contraire, ne rien laisser percer de ses intentions à elle, lui dire seulement qu'elle était gardée à vue par les siens, et petit à petit user ce cœur sauvage, de crainte d'un éclat.

— Bon là! Bon là, l'avocat! s'écria la commère, en biglant, l'suc est fait pour les mouches.

Elle s'en alla, le cabas bondé, marmottant entre ses dents des actions de grâces; et bien après qu'elle eût dépassé la porte, sa voix s'entendait encore, traînante et nazillarde. Germaine l'a vit clopiner sur le chemin dans le poudroiement de la lumière; et pas à pas, cette silhouette boiteuse décrut au loin, derrière les blés. Elle en eut une délivrance. Il lui paraissait qu'un danger s'en allait avec la vieille coquine.

Cougnole s'engagea dans la forêt. Comme un ressort qui s'allonge, ses jambes tout à l'heure traînantes se détendaient à présent, scandaient le chemin de larges coups de talons; c'est à peine si elle s'aidait de son bâton. Des sentiers s'enfilaient les uns aux autres, grimpant les pentes, contournant les bossèlements, longeant les ravines, dans la clarté verte des végétations. Elle n'était pas gênée par les accidents du sol et gaillardement attaquait les montées, trottait aux descentes, enjambait le lit des ruisseaux taris par le soleil. Ce n'était pas la direction qu'elle suivait d'habitude pour rentrer chez elle; au contraire, le chemin l'écartait de près d'une lieue, mais elle avait son plan.

La forêt s'achevait en taillis disséminés sur un large espace, au milieu d'un broussaillement de bruyères. Le soleil ardait là comme une fournaise, séchant les racines, qui craquaient sous le soulier de Cougnole. Le silence était profond, interrompu seulement par le stridement des sauterelles. Et les arbustes se dressaient immobiles, sous le midi implacable qui les grillait et tout autour d'eux fendillait la terre de larges gerçures. La vieille tira son mouchoir jusqu'à ses yeux aveuglés de lumière, et ramant des deux bras, poussa à travers les taillis.

Une tête d'homme fit une tache claire dans les feuilles. Et voyant que c'était la vieille, l'homme, qui était couché à l'ombre, se dressa, alla à elle. Cachaprès, seul à la ronde, avait ces larges épaules et cette fière mine.

— M'fi, lui dit-elle en s'abattant à terre, j'suis à eau et à sang. L'saint bon Dieu ait pitié de mes os!

Il frappait du pied, impatienté, sombre.

— L'as-tu vue? hein?

Elle fit aller sa tête en signe d'affirmation, et la bouche béante, comme suffoquée, elle aspirait l'air, répétant:

— Misère! C'est y permis de se mettre à bas pour rendre service au monde! Han! Ouf! Et qu'est-ce qu'y m'en reviendra? Rien! Heu!

Il prit une poignée de sous dans sa poche.

— Tiens! la mère! v'là des mastoques!

Elle glissa les sous dans son cabas, dégourdie du coup.

— D'abord que c'est comme ça, dit-elle, on a du courage, Ben oui, j'l'ai vue. Alle n'est pas malade, l'pauvre chère, mais alle ne s'en va pas mieux. Alle pleure toutes les eaux de ses yeux de n'plus voir son cher et tendre! C'est miséricorde!

Le visage du drille s'éclaira.

— Quoi que t'as dit là? Elle pleure!

— Alle est bien à plaindre! Ah! vaurien, s'mon père la bat comme plâtre et poussière, à cause de toi!

Il eut un attendrissement.

— M'pauvre commère!

Elle lui dit la colère des frères, la surveillance constante qui pesait sur Germaine, la tristesse de sa vie. Lui, souriait, ravi, les yeux éclatants, ne voyant qu'une chose, cette tendresse qui souffrait pour lui, et il répétait;

— C'était donc ça! c'était donc ça!

Elle hocha la tête.

— Ah! ben oui! Et j'lui ai dit ce que j'avais à lui dire. L'pauvre cher garçon, que j'lui ai dit, est maigre et rebuté comme un loup des bois.

— Oh! oh!

— Ses yeux sont toudis pareils à des fontaines!

— Bien dit, vieille.

— Y n'a p'us qu'l'âme à passer.

— Bien dit.

— Y s'fera un malheur!

— C'est vrai. T'as ben dit. J'aime autant être mangé des vers que d'vivre sans m'Germaine.

— Fallait l'entendre; alle criait et brayait pis qu'une truie qui truïonne. Alle serait venue si alle avait pu; mais pas possible, « C'est fini de s'voir et de s'bécoter, qu'elle m'a dit. » — « Bon, j'lui ai dit, pou' un p'tit temps. » — Ah oui, qu'alle m'a dit, car de vivre sans m'n homme, j'voudrais plutôt n'vivre point.

Il écoutait dire, pendu à ses mots comme à des bonheurs. Sa poitrine battait fortement; il eût voulu crier, chanter, se rouler à terre.

— M' n'amie! m'chère amie! balbutiait-il.

Et sous ce midi brûlant, les yeux grands ouverts, il croyait rêver.

— Adieu! m'fi. lui dit la pauvresse, j'vas prier l'bon Dieu pour ses créatures. Mon estomac est autant dire sec comme un four à pain. Si t'es pas plus dur qu'un chien, tu m'donneras une mastoque pour boire un gendarme au cabaret.

Il vida sa poche dans ses mains, gaîment.

— Prends tout. J'suis ben assez riche comme ça.

Elle le laissa, fit une centaine de pas, et cachée par les taillis, sans se retourner, lui cria de ne rien tenter auprès de Germaine pendant une semaine ou deux, pensant en elle-même, la rusée, que d'ici-là les choses auraient le temps de s'arranger ou de se brouiller comme elles voudraient.

XXXIII

Il se courba dans l'herbe, à plat ventre, sa tête dans les poings. La joie l'assommait. Il ruminait les sensations qu'avaient laissées en lui les paroles de la Cougnole; le crâne battu par leur musique, il était comme un homme ivre et qui cherche à se rappeler le détail des choses. Ses entrailles bouillaient; il avait une fureur calme qui le torturait délicieusement; et seul au milieu de ce bois incendié, n'ayant personne avec qui partager son bonheur, il eut des larmes silencieuses.

Autour de lui, la terre souffrait pareillement, sous l'accablante pesanteur du jour. Le soleil rôtissait les verdures inertes; les branches, noires au milieu de la lumière éclatante et crue, s'alanguissaient avec des airs funèbres d'agonie; et rien ne bougeait, rien ne tressaillait, hormis les cigales interminablement crépitantes, les ronflantes abeilles et les papillons bruissant dans l'azur. Un anéantissement semblait immobiliser les sèves sous la croûte calcinée des terrains.

Il avait pour Germaine l'attachement incoërcible de la brute. Il l'aimait comme les mâles aiment les femelles, la portant au fond de lui dans ses moelles, ayant la soif et le besoin de ses attouchements, gardant de son contact une ardeur irrassasiée. Et voilà qu'elle lui était rendue après une séparation qui lui avait paru la fin des fins! Ce n'était pas vrai qu'elle avait cessé d'être sa volupté et sa proie! Ce n'était pas vrai que tout était rompu! Des folies lui passaient par la tête, à force de se répéter qu'elle était à lui encore. Il pensait à courir à travers bois jusqu'à la ferme, à pénétrer dans la cour, à l'arracher à l'inimitié de ses frères. Bête! Et si quelqu'un le reconnaissait! Bah! il prendrait un déguisement, il se barbouillerait le visage, se ferait voûté, cassé, chenu, cheminerait de l'air d'un vieux bribeux. Mauvaise affaire! Il fallait trouver un autre moyen.

La voir! tout était là. Petit à petit, une idée germa en lui, qui finit par le talonner d'une impatience fébrile. Il ne pensait plus qu'à cela, à présent;

c'était comme une envie furieuse qui le rongeait. Il s'agitait à terre comme un animal blessé, frappant le sol de ses mains, injuriant le jour, qui tardait à décroître, plein de mépris pour les gloires du soleil. C'est que son idée, pour se réaliser, avait besoin de la nuit, et il supputait les heures, comme le criminel qui guette l'approche des ombres, accélérant de son désir le moment du meurtre. Toute sa violence se réveillait devant cette obstination de la lumière à s'arrêter dans les hauteurs du ciel. Et il en voulait à Dieu de faire si tardifs ses crépuscules.

Le soir tomba enfin. Le soleil, comme une braise refroidie, s'éteignit dans les cieux lourds. Un apaisement se répandit sur la surface des bois. Il entendit frissonner les feuillages; une vie sourde remua dans les taillis; la terre, comme sortant d'une léthargie, se réveillait sur un lit de rosées.

Il se glissa dans l'ombre, en rampant. Son fusil ne le quittait plus: chaque tronc d'arbre pouvait receler un ennemi; les branches, en se déroulant tout à coup, pouvaient devenir des bras humains. Et il allait, prudent, les oreilles au guet, prodigieusement attentif à la conspiration des choses. Les vapeurs violettes du couchant lentement se dissolvaient dans le bleuissement accru de la lune. Un fleuve de clartés pâles s'épanchait par les chemins, noyant dans les ondes la rondeur des arbres. Çà et là des clairières blanchirent; des lueurs phosphorescentes tremblèrent dans l'épaisseur des feuillées. Et béante, tout le jour, sous la morsure d'un soleil torride, la création connut la bénignité du soir.

Redoutable était cette nuit claire pour l'homme. La silhouette fugitive des lapins posait sur la lumière blanche des taches sombres, nettement accusées. Il voyait bouger des dos, des reins, des oreilles, sans mystère. Ainsi devait-il en être de lui. Et il redoublait de ruses et de précautions pour n'être pas trahi. Rien pourtant n'indiquait plus la vigilance des hommes dans celte douceur profonde de la nuit. Un murmure à peine perceptible traînait dans les taillis, puis s'assoupissait, pareil à une haleine. Le vent frôlait les feuilles de chatouilles amoureuses, qui plus loin se perdaient dans l'immobilité des arbres. Les seuls bruits qu'il entendait étaient le craquement de la terre sèche sous son pied et les pourchas confus des bêtes dans l'ombre.

Il gagna la lisière du bois.

Un immense ciel argenté s'appuyait sur la plaine, troué par les étoiles. Les moissons, baignées dans la lumière, ressemblaient à la nappe immobile d'un lac. Il vit luisarner dans la profondeur, par-dessus le déroulement des bois, la crête d'un toit d'ardoises, et, subitement ému, presque défaillant, il s'assit, regarda longuement le toit et la maison. Sa poitrine était battue de larges secousses. Il se disait qu'après tout, sa vie était là, sous ce toit. Aller jusqu'à Germaine, passer la nuit à deux, la tenir dans ses bras, comme au bon temps, que lui importait le reste, c'est-à-dire les gardes, les coups de feu, la mort?

D'ailleurs, le plomb qui devait l'abattre n'était pas encore fondu; il avait plus d'une corde encore à son arc. Et il se mit à rire tout haut dans la nuit, pensant à cette meute de forestiers qu'il embrouillait sur ses pistes, depuis près de quinze jours.

Il se leva. Une impatience d'arriver le talonnait. À cette heure, tout dormait à la ferme. C'était le bon moment. Il se souvenait d'avoir vu dans le verger une échelle; il la poserait contre le mur, très doucement, monterait jusqu'à la fenêtre, et là cognerait aux vitres. Elle se douterait bien que c'était lui; il lui ferait signe d'être muette; puis le temps d'enjamber l'appui, un baiser sur ses lèvres rouges, l'étreinte chaude de ses bras, et l'on resterait à deux jusqu'à l'aube.

Une masse noire se détacha sur la blancheur de la plaine, brusquement. Des hommes se dirigeaient du côté du bois, par un sentier longeant un champ de blé. De l'endroit où il était, Cachaprès voyait moutonner les têtes et les épaules, sans distinguer les corps, masqués par la hauteur des blés. Ses yeux s'agrandirent alors, et il cherchait à conjecturer leur nombre.

À mesure qu'ils se rapprochaient de la lisière, leurs silhouettes se dessinaient. Ils étaient quatre. Un des hommes était coiffé d'une casquette à liseré brillant. Tous quatre portaient des sarraux. Et comme ils débouchaient, déployant toute leur taille dans la clarté de la lune, il reconnut quatre gardes jeunes et bien découplés. Derrière leurs épaules, des canons de fusil luisaient.

Est-ce qu'il aurait été deviné! Est-ce qu'on se serait mis en tête de le pincer aux environs de la ferme? Pas possible. Cougnole seule savait le chemin qu'il avait pris, et il était sans crainte sur son compte; la vieille ne le tromperait pas. Bah! on verrait bien! Quatre gardes ne l'effrayaient pas, ni cinq, ni dix; il avait conservé une confiance superbe en lui-même. Tandis que la petite troupe s'engageait dans le bois, il se lança à travers les blés, s'aplatissant à ras du sol et ne se relevant que pour regarder autour de lui.

Les gardes s'étaient espacés. Il distinguait derrière les arbres, dans la brume bleue, leurs hautes statures lentement déplacées; et petit à petit, ils disparurent dans la profondeur en élargissant graduellement leur cercle. Il lui parut qu'ils cherchaient à envelopper le bois comme dans une traque, en prenant soin de se rabattre vers la partie de la forêt qui avoisinait la ferme. Il ramait à travers les blés, mer verte aux écumes d'épis, de ses bras ouverts et tournant circulairement. L'espace diminuait devant lui. Il voyait grandir de moment en moment le bloc massif que la ferme faisait dans la nuit.

Un bruit l'arrêta net. Il pointa la tête hors des blés, immobile, et regarda.

Au bas de la plaine, à sa droite, s'allongeait un chemin bordé d'arbres et qui bordait un étang. Le bruit partait de là. C'était le pas cadencé et régulier d'hommes battant le pavé. Une épaisseur d'ombre tombant des arbres sur le chemin lui dérobait les marcheurs. Quelquefois, une tache sombre, compacte, traversait les blancheurs de lune traînant à terre, mais trop confusément pour qu'il pût distinguer les formes. Le bruit décrut, sembla se perdre dans un bruissement de taillis remués.

Ah ça! est-ce que les gardes s'étaient donné le mot? Il eut l'idée que peut-être bien on avait organisé une battue en règle. Ce serait par trop bête que de se faire prendre dans une souricière! Tapi dans l'obscurité touffue des blés, comme un lièvre, il songea, ayant tout à coup une hésitation.

La chair fut plus forte.

Les champs de blé étaient coupés par le sentier qu'avaient suivi les gardes. Une pleine clarté s'abattait là. Passage dangereux. Il se ramassa en boule, bondit et d'une pièce retomba dans les blés qui bordaient l'autre côté du sentier. Puis, filant à toute vitesse, il recommença sa trouée. Mais les blés finirent subitement et il se trouva devant un champ de pommes de terre. Cela faisait un large découvert, tout nu sous la lune. Nouvelle ruse alors. Il s'aplatit de son long dans un des sillons. La noire verdure broussailleuse des plantes arrondissait au dessus de lui ses dômes épais. Il se mit à ramper sur le ventre, écartant devant lui les emmêlements des tiges, légèrement. Le silence s'était rétabli dans le bois; la marche mystérieuse qu'il avait entendue du côté de l'étang s'était perdue dans l'immobilité muette des lointains. Selon toute probabilité, le danger avait disparu.

La haie du potager des Hulotte lui barra le passage. La suivre extérieurement était imprudent. Un garde quelconque, défiant ou las, n'aurait eu qu'à s'attarder aux acculs du bois.

Il fit un trou à la haie, se glissa dans le potager, longea la clôture à grandes enjambées, plié en deux, la tête à la hauteur des reins. Un peu plus loin se massait le verger, séparé des bâtiments de la ferme par un chemin de service. Il y avait là des charrettes, des tas de bois, des souches déchaussées, pêle-mêle, et juste à l'extrémité du potager, un hangar posait sur quatre piliers en briques son toit de tuiles brunes.

Cachaprès passa devant le hangar, étouffant le bruit de ses souliers. Le ronflement des vaches à l'étable lui arrivait distinctement, et par moments un cheval faisait sonner sa longe dans l'écurie, piétinait. Quelque chose de Germaine était épars à travers ces choses; il les écoutait, ravi, leur trouvant un accent familier, il ne savait quoi d'entendu autrefois. Si proche de sa présence, il était pris d'un effarement; il lui paraissait que la terre tremblait sous ses pieds; sa gorge brûlait. De l'étang montait le coassement rauque des grenouilles.

Il demeura un instant sous le charme de cette nuit doucement en rumeur, comme assoupi, et brusquement un bruit lui fit tourner la tête, en sursaut, les oreilles tendues.

Quelque chose avait bougé sous le hangar.

Il n'eut pas le temps de se reconnaître; une tache vague se détacha du noir, prit la forme de deux grands diables de gendarmes qui, le mousquet au poing, menaçants, se ruèrent sur lui.

— Au nom de la loi!

Il fit un bond en arrière prodigieux, épaula sa carabine, pressa les deux détentes, coup sur coup.

La double détonation déchira la nuit avec un fracas effrayant, et l'écho, roulant de part en part, sembla éveiller toute une mousqueterie au fond des bois.

Le geste de Cachaprès avait été si prompt que les gendarmes n'avaient pas même eu le temps de se garer. Une flamme rouge avait éclaté dans le noir du mur, par deux fois, et l'un d'eux s'était renversé sur l'autre, en poussant un cri, la face et la poitrine éraflées par une volée de chevrotines. L'autre alors avait visé après une forme qui bondissait, lancée comme un cabri, à travers le verger, mais la balle était allée frapper un pommier, et Cachaprès avait continué à fuir, avalant la pente d'un formidable coup de jarret.

Le gendarme à son tour se lança, courant de toute la vitesse de ses jambes alourdies par la pesanteur des bottes. Le fugitif, au contraire, alerte et libre, s'allongeait, gagnant du terrain. Le gendarme fit un dernier effort, puis voyant que la distance s'accroissait, rendait la poursuite impossible, il s'arrêta, coucha l'homme en joue et fit feu.

Cachaprès trébucha.

Un choc terrible lui avait fracasse l'épaule, la tête, les omoplates, il ne savait quoi. Il s'aplatit, assommé sur les mains. Des feux tournoyaient devant ses yeux; le verger prit une rougeur d'incendie; sa cervelle s'emplit de vacarmes, de bruits de cloches battant ses tempes à les casser; et tout à coup il se releva et se remit à courir du train d'un loup blessé, doublant ses enjambées.

Un instant encore et il atteignait la lisière du bois.

Une forme sombre se dressa, lui barrant le passage.

Il y eut un commandement rapide.

— Merde! cria le bougre, à pleins poumons, et, faisant tourner son fusil comme une masse au-dessus de sa tête, il l'abattit sur le garde.

Une voix hurla à quelques pas:

— Tue! Tue!

C'était le gendarme qui s'était remis à courir. Le garde leva son fusil de son bras droit demeuré valide et tira, au jugé, sans viser.

Cachaprès était reparti d'un bond, échappant à la balle qui, cette fois, avait labouré le tronc d'un chêne. Il courait devant lui, à perdre haleine, fouettant les feuillages du vent de sa course. Le sang-froid lui revenait. Il entendait distinctement dans l'éloignement le galop d'une troupe lancée après lui. Il lui parut même, à la retombée sourde des pieds battant le sol, que le nombre de ceux qui le traquaient avait doublé; c'était un piétinement incessant et brusque qui par moments s'accélérait. Les poings aux hanches, cinglant de ses bras nerveux ses reins de fer, il dévalait les pentes, gravissait les montées, franchissait les ravins, mesuré, élastique, rasant à peine le sol.

Il se dirigea vers la droite, ayant un but, qui était d'atteindre la hutte des Duc. Il y avait non loin de là un hallier profond, enchevêtré de ronces. Il avertirait les Duc en passant et se cacherait dans l'épaisseur du fourré. Ce serait bien le diable, si on le pinçait dans cette cachette.

Une douleur lancinait, par coups violents, son épaule gauche; toute la partie de son corps allant de l'humerus à la hanche semblait se détraquer alors; et des aiguillons criblaient sa chair, comme si elle eût été piquée à la pointe d'un fer brûlant. Il porta la main à son épaule et la retira visqueuse, pleine d'une moiteur chaude de sang.

La poitrine n'avait rien du reste, ni les poumons. Il avait gardé le souffle égal et puissant; son jarret manœuvrait comme un ressort docile; il n'était pas près de tomber. Et tout pantelant qu'il était, il eut son rire endiablé des grands jours.

Petit à petit, le pourchas avait diminué; il avait entendu partir deux coups de feu, tirés sans doute dans les taillis après quelque silhouette douteuse; puis la rumeur humaine s'était dissoute dans la profondeur, et il avait un peu ralenti la vitesse de sa course, sûr d'avoir dépisté la traque. Ce qui était vrai. Elle battait la gauche du bois, égarée sur des pistes fausses.

Cachaprès arriva à la hutte des Duc au milieu de la nuit. Il cogna.

P'tite était seule au logis. Le vieux et la vieille, à une lieue de là, ébranchaient une coupe d'arbres, nuitant sous bois, pour faire les journées plus longues. Et elle le regardait de ses yeux mauvais, furieuse à la fois et ravie, ses cheveux tombant sur ses yeux comme des broussailles.

Il demanda du genièvre; il n'y en avait pas. Il demanda de l'eau, alors. Sa gorge était sèche comme le dedans d'un four. Il but une large jatte d'un trait.

P'tite tournait autour de lui, inquiète, curieuse, les sourcils tendus. Elle aperçut le ruissellement du sang, poussa un cri, élargit démesurément les paupières, et tout d'un coup sautant sur ses mains, l'interrogea d'un mot.

— Les gardes?

Il hocha la tête, sentant une douleur insurmontable à parler. Ses dents serrées l'une contre l'autre, il retenait sa respiration, pris de lançures poignantes à chaque gorgée d'air. Il fit un effort, dit en deux mots la lutte, la poursuite, le fourré où il comptait se terrer.

— Tu m'porteras à boire! ajouta-t-il. J'ai le feu d'enfer dans les dents.

Une pâleur plus forte s'était répandue sur sa face; il chancela. Le cœur de l'enfant eut un haussement viril. Elle s'élança.

— Pose-toi sur m'n épaule. J'te mènerai.

Il répondit par une bravade.

— Ben non! J'suis-t-y pas un homme!

Et se raidissant contre la faiblesse qui l'envahissait, il sortit, la main crispée autour du canon de son fusil comme autour d'un bâton. Elle le suivit, demi-nue, ses maigres épaules sortant de sa chemise, un lambeau de jupe noué autour de ses reins. Et chaque fois qu'il oscillait, elle s'avançait, le soutenait de son corps qu'elle tendait sur ses tibias secs, déterminée comme un garçon.

Ils arrivèrent au fourré une heure avant l'aube. Cachaprès éprouva une peine énorme à pénétrer dans l'emmêlement des broussailles. Il lui fallut se tailler un passage à coups de couteau, ayant essayé vainement de ramper. P'tite, elle, bravement mettait ses jambes nues dans les ronces, insensible aux meurtrissures. Des pans de sa jupe demeuraient accrochés derrière elle, aux terribles crocs des touffes.

Il alla tomber sur un tertre couvert de hautes herbes. Il était à bout; il défaillait. Sa plaie, exaspérée par la course, cuisait, comme si une braise enflammée eût été posée dessus. Impossible de remuer le bras, qui pendait inerte, avec des ballottements morbides. La balle avait fracassé la clavicule de l'épaule et s'était logée dans les tissus, à proximité des muscles du cou.

Le sang coulant à flots, il recommanda à P'tite de lui fendre sa veste à la pointe du couteau. Elle obéit. Il déchira lui-même ensuite avec les dents un bout de l'étoffe, puis lui montrant une source qui miroitait sous l'herbe, à peu de distance, il exigea qu'elle y trempât ce lambeau; alors, allant de la source au blessé, constamment, elle étancha le sang, pendant longtemps. Il s'assoupit.

L'aube descendit sur les bois.

Elle s'était assise à un pas de lui. Ses yeux secs dévoraient la rondeur nue de son épaule, goulûment. Ce torse superbe la rendait songeuse, petit à petit la troublait. Des chaleurs passaient dans ses veines, des tremblements lui montaient aux lèvres.

Il se dressa en sursaut, demandant à boire. Un peu de délire se mêlait à ses gestes. Il ouvrait et fermait les yeux rapidement, comme cherchant à se remémorer. Et des exaspérations de douleur sortaient de ses dents, des cris, des mots lacérés, des heu! de torturé.

P'tite lui apportait de l'eau dans ses mains rapprochées. Cette fraîcheur le calmait un instant, mais aussitôt après il se remettait à l'appeler, exigeant de l'eau, toujours, d'une voix rauque et sourde qui finissait dans des vagissements. Elle retournait à la source, de nouveau lui collait à la bouche ses doigts humides, et dans les intervalles se plantait devant lui les poings sur les hanches, ou s'accroupissait, ses deux mains enfoncées dans le crespèlement de ses cheveux.

L'épaule avait gonflé. Autour du trou béant et rouge, la chair s'était haussée en bourrelet violâtre sur lequel les sanies suppuraient. Le soleil du midi tomba sur cette chose douloureuse, comme une grêle de feu. Alors il se fit traîner du côté de l'ombre, hurlant à chaque secousse, bien que P'tite le tirât très doucement, et quand il sentit enfin sur sa chair enflammée la fraîcheur des verdures épaisses, il lui prit les mains, la regarda tendrement, murmurant:

— Qui m'aurait dit, m'chère, que t'aurais été la dernière auprès de moi? Hou! hou! han! J'm'en vas, j'sens que j'suis fini. Tu diras à la vieille Hase, pour qu'elle le dise aux autres, qu'c'est les gardes qui m'ont foutu le coup. Han! han! T'iras aussi à la ferme et tu feras mes compliments d'ma part à m'ben amée. Cré Dié! Hou! hou! Tu lui diras...

L'âpre soleil de la veille avait repris carrière dans le ciel; il gerçait la terre et rôtissait les feuilles, noir comme la désolation. Dans le fourré, les ronces crépitaient, les buissons pantelaient, une torture allait du sol à l'homme.

Cachaprès râlait sous cette brûlure qui s'attachait à sa plaie, la mordait comme d'une dent féroce. Vivant, il sentait sa chair se décomposer dans la fermentation universelle. Des soifs effrayantes desséchaient son gosier. P'tite était sans cesse obligée de courir à la source et d'en rapporter de l'eau; mais ses doigts en laissaient filtrer la moitié. Il lui montra sa poudrière. Elle renversa la poudre et se servit de la boîte comme d'une coupe, l'approchant elle-même de ses dents. L'eau coulait en lui avec la douceur d'un baume, lui donnait une seconde d'apaisement.

Aux heures accablantes, succédèrent les heures tièdes. L'ombre s'allongea au pied des arbres. Un poudroiement d'or dansa dans la lumière rembrunie, et solennellement, le soleil entra dans les gloires du couchant. Dès ce moment, les paroles se firent rares entre P'tite et lui: des râles lui déchiraient la gorge, plus pressés à mesure que s'avançait la nuit. Et elle continuait sa garde rigidement, oubliant le boire et le manger, elle, la maigre fille toujours affamée; mais ses entrailles avaient beau se tordre et crier. Elle le veillait avec la fidélité du chien, immobile, sans penser à la faim. La gravité du soir enveloppa ce groupe farouche.

Quelquefois il se dressait et implorait la mort:

— Les coïons! Y z'auraient dû m'achever! J'suis pas un païen pour souffrir ainsi!

Sa tête retombait ensuite, pesante comme le plomb. Il faisait des gestes de combat, croyant voir des silhouettes hostiles, et ces gestes étaient encore redoutables. Ou bien il prononçait le nom de Germaine, comme on savoure une volupté, un fruit, lentement, profondément, de toute la tendresse de ses entrailles, répétant ce nom cent fois avec la douceur triste d'un bégaiement. Et P'tite alors était prise de rage, caressant dans sa cervelle sauvage des idées de représailles contre cette fille riche qui le laissait crever là.

Une mansuétude flottait dans l'immensité bleue; l'air était comme de la paix et de la bonté mêlées à la création, par-dessus la majesté des futaies; et un vent caressant frôlait le dessous du ciel, mystérieusement secouait les feuillages, pareils à des bras tremblants qui cherchent à s'étreindre. Le hallier baignait dans une nappe de clartés sous laquelle luisait l'herbe, comme le roc sous l'eau d'un ruisseau, et les noirs buissons s'argentaient d'un brillant de fourrures, semblables à des animaux vaguement fourmillants. Autour d'eux râlaient des tendresses; des allégresses fauves clamaient à la lune; la nuit faisait aux noces cachées dans ses replis la charité d'un grand ciel éblouissant.

L'agonie traîna jusqu'à l'aube. De ses mains furieuses, il avait arraché ses vêtements dans une crise; ses pectoraux s'étalaient à nu, carrés et massifs; et P'tite regardait cette virilité graduellement s'éclairer sous la blancheur du jour. Puis ses yeux remontèrent jusqu'au visage du braconnier. Un rictus courroucé lui donnait l'air menaçant d'un ennemi sur le qui-vive; sa bouche tordue découvrait ses dents, qui semblaient prêtes à mordre, et tout à coup ses yeux s'agrandirent.

Que regardait-il? Voyait-il poindre, à la cîme des arbres, le jour qu'il avait vu se lever si souvent? Une aurore éternelle s'allumait-elle au fond de cette aube d'un jour d'été? Ses prunelles s'étaient remplies du reflet vert des feuillages. Il se mit sur son séant, fit un grand mouvement, regardant toujours cette chose que seule il voyait; et comme le premier rayon jaillissait par-dessus la bordure des nuages roses, glissant comme une flèche sous les ramures, il retomba de tout son poids, la tête en arrière.

Les arbres balançaient leurs branches d'un rhythme lent qui s'étendait de proche en proche, semblablement au geste des prêtres dans les processions. Les oiseaux chantèrent au fond des feuillées, et, comme une psalmodie vague, un murmure immense et doux traîna le long des taillis, alla se perdre dans l'allégresse du matin.

P'tite regardait, ne comprenant pas.

Elle vit s'immobiliser sa face, et ses yeux grands ouverts s'anéantir dans une contemplation sans fin; puis la bouche, crispée par les râles, reprit sa forme habituelle, et lentement une majesté descendit sur le front.

Elle le crut endormi et s'approcha: il ne bougeait pas. Elle mit la main sur sa chair, légèrement: sa chair était froide. Elle l'appela, il demeura muet. Alors, furieuse, elle le secoua de toutes ses forces. Son corps avait pris la raideur de la pierre. Hein? Quoi? Qu'est-ce qu'il lui arrivait? Elle se pencha sur lui, le tourmenta de ses bras, l'embrassa de sa bouche chaude, se sentant envahie par des stupeurs.

Rien.

Puis elle se rappela: des formes de bêtes mortes s'étaient rencontrées sur son chemin, avec cette même rigidité. Elle ne versa pas une larme. Elle s'accroupit auprès de lui, au long de son corps, son maigre bras passé autour de sa tête, et face à face, pendant tout un jour, elle plongea dans ses prunelles vagues ses mornes regards immobiles. Elle le contemplait avec hébétement. Elle n'était plus gênée par rien à présent. Il ne la voyait plus; ça lui était égal qu'il fût mort, puisqu'elle le possédait. Son féroce désir de fille, haletant comme le rut des fauves et qu'il lui avait fallu rentrer si souvent devant lui quand il était vivant et la faisait sauter sur son dos, sans rien voir ni comprendre, se débridait sur ce cadavre qui la laissait faire, impassible. Et redevenant hardie devant cette complaisance du mort, elle le caressait, l'étreignait, brutale et tendre, sans horreur ni dégoût.

Un chat sauvage vint à la tombée de la nuit, attiré par l'odeur. Elle le chassa à coups de pierre. Des corbeaux se perchèrent sur un arbre voisin et de là croassèrent, graves comme les juges d'un tribunal. Elle cria pour les écarter. Ils reparurent au matin.

Et des jours s'étant écoulés, elle vit une chose horrible. La plaie lentement se mouvait, une ondulation lente qui ne décessait pas, au milieu des sanies devenues de la vie, avec elle ne savait quoi qui ressemblait à un geste, au geste de cet homme tombé là et cloué à terre du clou indécrochable de la mort.

Elle poussa un cri et s'aplatit sur les mains, la tête dans les herbes.

XXXIV

L'été s'acheva dans des jours humides et doux.

Un soir, Germaine gagna le banc de pierre adossé au mur extérieur de la ferme, du côté de la campagne. Les chèvrefeuilles avaient glissé jusqu'à terre, noyant le banc sous l'enlacement des branches. Et confondue à cette cohue de feuillages, Germaine eut une douceur à la sentir, fraîche et lourde, sur sa peau.

Des nuées grises s'amassaient au ciel, dérobant par moments la lune; une obscurité s'élargissait alors sur la campagne comme un fleuve profond; et le vent soufflant dans les orgues du bois, faisait une rumeur grave qui s'étendait.

Une angoisse mortelle avait pour jamais banni sa quiétude. Elle regardait la nuit noire comme son chagrin, le ciel voilé comme son âme et ce déclin de l'été semblable à l'amertume des jours qui commençaient pour elle.

Des souvenirs l'assaillaient. C'était sur ce même banc qu'elle avait éprouvé les alanguissements de l'amour, un soir que les chèvrefeuilles en fleur versaient la mollesse dans ses veines et que le vent de la nuit, comme une main lascive, chatouillait sa chair faiblissante. Depuis, les fleurs s'étaient desséchées au soleil; le banc s'était petit à petit englouti sous la marée montante des feuillages; sa chair avait reçu le châtiment du désir satisfait.

Et de la cour lui arrivait, par la large porte ouverte, la pestilence musquée des fumiers, comme en cet autre jour, sous ce midi brûlant qui avait démoli ses pudeurs. Que de choses depuis ce temps! L'ardeur des tendresses, la froideur préparant le chemin à l'indifférence, les rendez-vous plus rares, et enfin cette nuit horrible, ces coups de feu, Cachaprès blessé sous ses fenêtres et trouvé mort, dix jours plus tard, dans un fourré… Ces pensées s'appesantissaient sur elle du poids funèbre des remords.

Elle eut des larmes sombres et tendit ses bras devant elle, comme aspirant à se répandre à son tour dans l'infini de la mort et de l'oubli.

En ce moment, l'être que le Mâle avait mis dans ses entrailles tressaillit, et prise d'une désespérance, elle songea à ce soir où les lamentations de la vache en gésine avaient rempli l'étable et les cours, s'élargissant par-dessus la sérénité des campagnes, à travers les houles de l'ombre.

FIN